U0111742

大展好書　好書大展
品嘗好書　冠群可期

大展好書　好書大展
品嘗好書　冠群可期

迷蹤拳系列；5

迷蹤拳（五）

李玉川　編著

大展出版社有限公司

　　李玉川，河北省滄州市青縣人，1951 年出生。既嗜拳術，又喜文墨。8 歲始從名師學練迷蹤拳，數十年練功不輟，系統、全面掌握迷蹤拳的理論和技術體系。他博學多求，勤練精研，先後學練了八極、八卦、意拳（大成拳）等拳術多種。同時，他重視對武術理論的研究，閱讀了大量武術史料和書刊，寫下了很多的讀書筆記，致力探求武術之真諦。1996 年 8 月，在青縣成立迷蹤拳協會時被推選為協會主席。2001 年 9 月，在青縣迷蹤拳協會改建為研究會時被推選為會長。作者為滄州市武協委員，中國迷蹤拳當代重要代表人物。

　　近幾年來傾心於對迷蹤拳的研究、整理和傳播，撰寫系列叢書，錄製「中華武術展現工程」系列光碟。在《精武》《武林》《中華武術》等刊物上發表作品多篇。為培養武術人才建立了全國獨家迷蹤精武館，任館長、總教練。

前　言

　　迷蹤拳的内容包括兩個部分，一是拳法，二是功法。本書（第五冊）講述的是迷蹤拳的功法。

　　在迷蹤拳的門規裡，有「教拳不教功」之説。可見，功法是輕易不會傳授的。為適應我國武術事業飛速發展的需要，使迷蹤拳這一古老優秀的拳種在新形勢下得到全面的傳播和弘揚，更好地服務於人民大眾，現將迷蹤拳的功法系統整理，和盤獻給廣大讀者。不妥之處，望武林同仁給予指正。

編著者

第一章　迷蹤拳功法簡介 ……………………………… 9

一、功法的內容和作用 ……………………………… 10

二、功法的特點和習練要求 ……………………… 11

第二章　　活身功 …………………………………… 15

第一節　頸功 ……………………………………… 16

第二節　肩功 ……………………………………… 20

第三節　腕功 ……………………………………… 26

第四節　肋功 ……………………………………… 32

第五節　腰功 ……………………………………… 36

第六節　胯功 ……………………………………… 45

第七節　膝功 ……………………………………… 50

第八節　腳功 ……………………………………… 54

第三章　　椿　功 …………………………………… 59

第一節　無極椿 …………………………………… 60

第二節　壯元固本樁 ……………………………………… 62

第三節　馬步樁 …………………………………………… 64

第四節　虛實小步樁（合力樁）………………………… 68

第五節　虛實大步樁（伏虎樁）………………………… 71

第六節　獨立樁 …………………………………………… 73

第四章　硬　功 …………………………………………… 75

第一節　鐵砂掌功 ………………………………………… 76

第二節　鐵臂功 …………………………………………… 78

第三節　鐵頭功 …………………………………………… 84

第四節　鐵腿功 …………………………………………… 89

第五節　鷹爪功 …………………………………………… 92

第六節　金剛力功 ………………………………………… 98

第五章　技法功 …………………………………………… 103

第一節　打千層紙 ………………………………………… 104

第二節　打小掛墊 ………………………………………… 105

第三節　打人形沙袋 ……………………………………… 105

第四節　擊打與攔架 ……………………………………… 106

第六章　輕靈功 …………………………………………… 145

第一節　單腳跳步 ………………………………………… 146

第二節　雙腳跳步 ………………………………………… 148

第三節　跳坑 ………………………………… 150

第四節　跑磚 ………………………………… 151

第五節　跑椿 ………………………………… 153

第六節　跑笆籬 ……………………………… 153

第七節　扔接沙袋 …………………………… 154

第八節　擊打與躲閃 ………………………… 157

第七章　練力功 …………………………… 187

第一節　揉球 ………………………………… 188

第二節　擰棍 ………………………………… 195

第三節　纏臂 ………………………………… 198

第四節　抒拽 ………………………………… 201

第五節　推掌 ………………………………… 206

第六節　橫挎 ………………………………… 209

第七節　挑壓 ………………………………… 213

第八章　點穴功 …………………………… 219

第一節　穴位介紹 …………………………… 220

第二節　習練方法 …………………………… 234

第三節　三十六要穴被擊傷後的調治藥方 ………… 235

第一章

迷蹤拳功法簡介

一、功法的內容和作用

迷蹤拳是一個有一千四百多年歷史的古老拳種。在漫長的歷史歲月中，迷蹤拳不斷豐富和發展，成為拳術套路繁多、功法精深博雜的優秀拳種。

迷蹤拳的功法內容豐富、系統、全面：

有鍛鍊身體各主要部位的活身功；有練習拳法基礎功夫、拳術專項力量、高深功夫的樁功；有習練鐵砂掌、鐵頭功、鷹爪功等功夫的硬功；有練習實戰功夫、提高實戰能力的技法功；有鍛鍊身體輕快靈活的輕靈功；有練習拳勁、增長氣力的練力功，以及點穴功、卸骨功等，共有 40 種之多。

在這些功法中，既有動功，又有靜功；既有內功，又有外功；既有硬功，又有軟功；既有基本功，又有上乘功。真可謂簡單而高深，系統而全面。

迷蹤拳的功法，在迷蹤拳中占有重要位置，對拳藝的昇華有著十分重要的作用。「教拳不教功，教功不教理，教理不教法，教法不教訣。」這是迷蹤拳的千年古訓。它不僅說明了功法的重要性，而且也說明了傳授功法的嚴肅性和保守性。

歷史上，迷蹤拳名師都精於功法，功夫都有很深的造詣。青縣迷蹤拳五世宗師劉寶祥就有「鐵胳膊」「鐵巴掌」的美稱。他的這種過硬的功夫在保鏢生涯中充分地顯示了威力。在與人交手時，他往往是「一掌見分曉」「一掌定乾坤」。正是由於功法能起到如此重要的作用，所以，歷代門

人在傳授功法時很慎重，非「德、勤、悟」諸條件均具備的入室弟子不予系統傳授。

在迷蹤拳看來，練功和習拳是不可分割的統一整體。練功是練習拳術的基礎，是拳藝昇華的階梯，也是拳技水準的內在和外在表現。沒有紮實的基本功和深厚的功力，拳術就成了空架子。

正如拳諺所云：「練拳不練功，到老一場空」；「千練百練，基本功首練」；「要想拳藝高，功夫要練好」。這些足以說明功法在拳術中的舉足輕重的作用。

二、功法的特點和習練要求

迷蹤拳功法有自己的如下特點。

（一）簡明易練

迷蹤拳功法雖然內容豐富、高深全面，但卻簡明而不繁瑣，且好學易練。有的功法一看就會，一講就明，拿來可練，不像有的功法故弄玄虛，搞得神乎其神，使習練者鑽進神秘的圈子裡跳不出來，空費時間，功效甚微。

迷蹤拳功法是歷代傳人結合練功和生活實際不斷摸索和總結出來的，許多功法還帶有濃厚的鄉土韻味，很符合勞動大眾的實際情況。

有些功法利用勞動間隙即可練習，不受約束。一些專心練功的人把練功貫穿於平時的生活之中，行走、坐臥處處留意，利用一切可利用的時間練功。這樣的習練，充分利用了時間和空間，非常方便愛好者們學練。

（二）功效顯著

當今武術界功法繁雜，有的從事江湖騙術，聲稱習練幾天就能手掌開磚斷石。這是不切實際的，也是違背科學的。迷蹤拳的功法樸實無華，實實在在，看得見、摸得著，而且功效顯著。只要認真紮實地習練，一般一個月內見效，100天就有顯著效果。有的功法一年可告功成。習練時間越久，功效越顯著，功夫越深厚。

（三）不出偏差

迷蹤拳功法是動靜結合、內外兼修、軟硬並練，融練拳術力量、技法、輕巧等於一體的功法，每一種功法都有系統、具體的方法和要求，只要是按照要領和要求去練習，就不會出偏差、不會出問題。習練者儘管放心大膽地練習，不要有太多的顧慮。

迷蹤拳功法的習練，要掌握好三條基本原則和要求。

（一）心練爲本，意念爲先

要練功，先修心；練功夫，意當先。這是迷蹤拳功法習練的基本要訣。其基本內涵是：習練功夫，首要明理、得法，並要意導功行。這是在功法習練時要求首先做到的。因為只有這樣，才能克服練功中的盲目性，收到事半功倍的成果。

（二）循序漸進，順其自然

功法的習練是一個自始至終、循序漸進的過程。在這個

過程中，要紮紮實實地練習，不可貪功冒進，急於追求功效。往往越是急於求成越是不能成。「欲速則不達」就是這個道理。越是踏踏實實、一步一個腳印、刻苦練習、不計功效，長功就越快，這正順應了「功到自然成」的道理。

（三）持之以恆，勤練不斷

功法的習練過程既是練心神、練意志、練功力的過程，也是吃苦耐勞的過程。所以，在練功的過程中要有耐心和毅力，持之以恆，這樣才能收到預期的效果。反之，如果「三天打魚、兩天曬網」，忽練忽不練，那是不會有好的功效的。

第二章

活 身 功

　　活身功是對身體一些重要部位進行練習的功法。活身功的作用有三點：一是為習武者進行拳術套路、功法的練習做準備工作和熱身活動。防止在練習中因未活身而出現損傷，使練習者能發揮出應有的技術水準。二是進行這些部位的練習，可以治療和防止一些疾病。三是由習練打通這些部位的關竅，為深層次習拳修功奠定基礎。

　　由此可見，活身功既是習拳者有效的準備活動，又是通向深層次修功的階梯，是習練武術的重要前提和組成部分。因而，練拳習功者對此功不可等閑視之，應作為必修之功。

第一節　頸　　功

　　頸部是人體的主要部位，習練此功，無論對防病健身，還是對武功的修練都很重要。習練方法有：

一、左右擺晃

　　1. 雙腳開立，與肩同寬，身體直立，雙手成掌，自然下垂，貼靠於兩大腿外側。雙目平視前方。（圖1）

　　2. 頭頸部向左擺晃。（圖2）

　　3. 頭頸部向右擺晃。（圖略）

圖1

左右擺晃各九次。

【要點】：左右擺晃時眼睛要始終目視前方，不可左右偏斜。擺晃幅度要盡量放大。

二、前俯後仰

圖 2

1.雙腳併步站立，身體直立；雙手成掌，自然下垂，貼靠於兩大腿外側。雙目平視前方。

2.頭頸部向前、向下低俯。目視下方。（圖 3）

3.頭頸部向上、向後仰。目視上方。（圖 4）

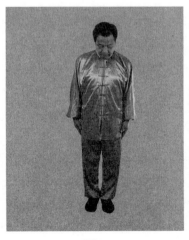

圖 3

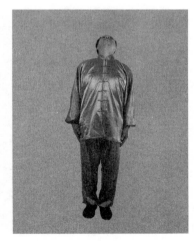

圖 4

前後各仰俯九次。

【要點】：頸部要放鬆，前俯後仰幅度要盡量放大。

三、左右搖旋

1. 雙腳併步站立，身體直立，雙手成掌，自然下垂，貼靠於兩大腿外側。雙目平視前方。（圖5）

2. 頭頸部向左、向後搖旋。目視左方。（圖6）

3. 頭頸部向右、向前搖旋，恢復到圖5狀態後繼續向右、向後搖旋。目視右

圖5

圖6

圖7

方。（圖 7）

左右搖旋各九次。

【要點】：頸部要始終直立，不可向前後左右偏斜，並要放鬆柔活。

四、繞圓轉動

1. 雙腳開立，略窄於肩寬，身體站正放鬆，雙手成掌，自然下垂，貼靠於兩大腿外側。雙目平視前方。（圖 8）

2. 頭頸部向前下俯，向右、向後、向左、向前繞圓轉動一周。（圖 9）

繞圓轉動九次後，再向相反方向轉動九次。

【要點】：頸部要充分放鬆，轉動要柔活，幅度要盡量放大。

圖 8

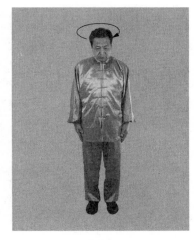

圖 9

第二節　肩　功

肩部在武功習練中起的作用很大，肩功如果習練不好，那麼，動作的準確、水準的發揮、氣力的傳輸都會受到影響。

一、單臂轉肩

前轉：

1.身體成左弓步站立，左掌放至左大腿上，右掌直臂伸於頭右上方，掌心向左。目視前方。（圖10）

2.右掌直臂，向前、向下、向後、向上繞圓轉動一周。目視前方。（圖11）

圖10　　　　　　　　　圖11

轉動一周為一次，連續轉動九次。

後轉：

1.預備動作同圖10。

2.右掌直臂，向後、向下、向前、向上繞圓轉動一周。目視前方。（圖12）

轉動一周為一次，連續轉動九次。

左肩轉動亦同。

二、雙臂轉肩

前轉：

1.雙腳開立，與肩同寬，身體直立，左掌直臂貼放於左大腿外側，右掌直臂上舉於頭部右上方，掌心向左。目視前方。（圖13）

圖12　　　　　　　　　圖13

圖 14

圖 15

2.右掌直臂，向前、向下、向後、向上繞圓轉動一周，繼而左掌向後、向上、向前、向下繞圓轉動一周。目視前方。（圖14）

後轉：

1.雙腳開立，與肩同寬，身體直立，左掌直臂上舉於頭部左前上方，掌心向右，右掌落放於身體右後下方。目視前方。（圖15）

2.左掌直臂，向後、向

圖 16

下、向前、向上繞圓轉動一周，繼而右掌向前、向上、向後、向下繞圓轉動一周。目視前方。（圖16）

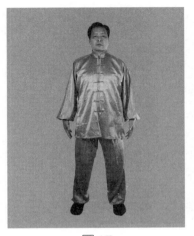

圖 17　　　　　　　　　　圖 18

雙掌各轉動一周為一次，轉動九次。

【要點】：單臂、雙臂轉肩時，臂部要伸直，肩部要放鬆，頸部力量要順達。

三、單肩推拉轉動

1.雙腳開立，與肩同寬，身體直立，雙手成掌直臂，自然下垂貼靠於兩大腿外側。目視前方。（圖 17）

2.右肩向前、向上推轉。目視前方。（圖 18）

3.上動不停。右肩繼續向後、向下拉轉。目視前方。（圖 19）

推拉一周為一次，轉動九次。

左肩轉動亦同。

【要點】：推拉轉動要畫圓，要柔活，如車輪轉動一

圖 19

圖 20

樣。

四、雙肩推拉轉動

1. 雙腳併步站立，身體直立，雙手成掌，自然下垂，貼靠於兩大腿外側。目視前方。（圖 20）

2. 右肩向前、向上推轉，繼而向後、向下拉轉時，左肩向前、向上推轉。目視前方。（圖 21）

3. 右肩繼續向前、向上推轉時，左肩繼續向後、向下拉轉。目視前方。（圖 22）

雙肩各推拉一周為一次，推拉九次。

【要點】：雙肩推拉轉動要協調、連貫、柔活。

圖 21

圖 22

五、融動通肩

1. 雙腳併步站立，身體直立，雙手成掌直臂，平伸於身體兩側，掌心向下。目視前方。（圖 23）

2. 右臂用力向左推肩、屈肘，手指成爪狀。同時，左肩臂用力向左拉拽。目視左掌。

圖 23

圖 24　　　　　　　　　　　圖 25

（圖24）

3.左臂用力向右推肩、屈肘，手指成爪狀，同時，右肩臂用力向右拉拽，臂伸直，手爪變掌。目視右掌。（圖25）

雙臂各推拉一下為一次，推拉九次。

【要點】：雙臂推拉動作要同時進行，用力要足而均勻。

第三節　腕　功

手腕是習練拳術時容易受傷的部位。手腕發僵會直接影響擊拳（掌、勾）時發力。所以，腕功的練習不可忽視。

一、上下甩腕

1.身體成立正姿勢，雙手成掌，屈肘平放於身前，掌心均向下。目視前方。（圖 26）

2.雙掌同時勻力下甩，手指向下，掌心向後。目視前方。（圖 27）

3.下甩後，雙掌同時用力上甩，掌指向上，掌心向前。目視前方。（圖 28）

雙掌一下一上為一次，甩動九次。

圖 26

圖 27

圖 28

圖 29　　　　　　　　圖 30

【要點】：甩腕時臂部
不動，力在手腕。

二、左右甩腕

1.雙腳開立，略窄於肩
寬，雙手成掌，屈肘放至身
前，掌心向後，掌指向下。
目視前方。（圖29）

2.雙掌同時勻力向內
（左掌向右、右掌向左）甩
動，掌心向後。目視前方。（圖30）

圖 31

3.內甩之後，動作不停。雙掌勻力向外（左掌向左，右
掌向右）甩動。目視前方。（圖31）

雙掌甩動一內一外為一次，甩動九次。

【要點】：雙掌甩動時，兩前臂盡量不要隨掌游動，力在甩腕。

三、繞圓轉腕

1.雙腳開立，略窄於肩寬，左掌屈肘、屈腕立於左胸前，掌指向上，右掌掌心向上抓握左前臂。目視前方。（圖32）

2.左掌向左、向下、向右、向上繞圓轉動一周。目視前方。（圖33）

3.連續左轉九次後，改為向右、向下、向左、向上轉動一周。目視前方。（圖34）

繞圓轉動一周為一次，左右各轉動九次。

圖32

圖33

圖 34　　　　　　　　　　　圖 35

右腕亦同。

另外，還可以採用雙掌齊轉的方法習練。

【要點】：右掌抓左前臂是為了防止左前臂游動，影響轉腕效果。轉腕時腕力要均勻、柔活。

四、手掌推腕

1. 雙腳開立，略窄於肩寬，左掌屈肘、屈腕立於左胸前，掌心向前，掌指向上，右掌抓握左掌指。目視前方。（圖 35）

2. 右掌均勻用力向後推左掌，推掌後放鬆復位。目視前方。（圖 36）

一推一鬆為一次，推動九次。

練習完上推掌後，接著練習下推掌，方法是：

圖 36

圖 37

1.雙腳開立，略窄於肩寬，左掌屈肘放於左胸前，鬆腕，掌指向下，右掌抓握左掌。目視前方。（圖37）

2.右掌勻力向後推左掌，推掌後放鬆復位。目視前方。（圖38）

一推一鬆為一次，推動九次。

上下推腕右掌亦同。

【要點】：推掌時，力量要柔活、均勻。

圖 38

第四節　肋　功

　　肋部是人體對抗擊打時的薄弱部位。對習武修功者而言，習練肋功更為重要。

一、擺臂練肋

　　1.雙腳開立，略窄於肩寬，身體直立，左手叉腰，右手成掌，直臂立於頭上方，掌心向左。目視前方。（圖39）

　　2.右掌、臂向左擺動，頭部同時左擺，左擺後放鬆復位。目視左方。（圖40）

　　一擺一收為一次，擺動九次。

　　　　圖39　　　　　　　　　　　　圖40

左臂亦同。

【要點】：擺臂時臂部要用力上伸，幅度要盡量放大，意在練肋。

二、轉腕練肋

1.雙腳併步站立，身體直立，雙手十指交叉，直臂上舉至頭部上方，掌心向上。目視前方。（圖41）

2.右手手腕向上、向前、向下轉動，左手手腕同時向下、向後、向上轉動，雙手手腕各繞圓轉動半周。目視前方。（圖42）

3.動作不停。右腕繼續向後、向上轉動，左腕繼續向前、向下轉動，雙手手腕各繞圓轉動一周。目視前方。（圖43）

圖 41

圖 42

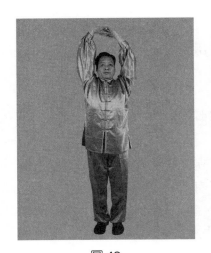

圖43

圖44

雙手手腕各轉動一周為一次，轉動九次。

【要點】：轉腕時雙臂要用力上推，以達練習肋部之目的。

三、撐臂練肋

1. 雙腳開立，與肩同寬，身體直立，雙手十指交叉、手心向外上舉至頭部前上方，雙臂相撐成圓弧形。目視前方。（圖44）

圖45

2. 雙掌向左、向下擺動，掌心向上，上身隨之向左擺

圖 46

圖 47

動，雙臂保持圓弧形不變。目隨雙掌。（圖45）

　　3.上動不停。雙掌用力向左後方相撐，掌心向上，雙臂保持圓弧形不變，上身隨之向左轉動。目隨雙掌。（圖46）

　　4.雙掌向前、向右擺動至頭部右前上方，掌心朝上，上身隨之向前、向右轉動，雙臂仍保持圓弧形不變。目隨雙掌。（圖47）

圖 48

　　5.上動不停。雙掌用力向右後方相撐，手心向上，上身隨之向右轉動。目隨雙掌。（圖48）

一左一右為一次，撐臂九次。

【要點】：撐臂要走弧形路線，雙臂和身體軀幹部位的轉動要靈活，用力要足而柔、勻。

第五節 腰 功

腰功在武術中占有非常重要的位置，自古以來各門派都很重視腰功的習練。迷蹤拳更是把腰功作為重點功法，且練腰部的功法比較多。在這裡，重點介紹以下四種：

一、俯身下腰

1.雙腳併步站立，雙手十指交叉，上舉至頭部上方，手心向上。目視前方。（圖49）

2.雙手向前、向下推掌，手心按接地面，上身同時下俯，雙腿站直。目隨手行。（圖50）

3.上身直立，動作恢復到圖49的狀態，向身體左下方俯身，雙手按地面。目隨掌行。（圖51）

4.上身直立，動作恢復到圖49的狀態，向身體右下方俯身，雙手按地面。目隨掌行。（圖52）

向前、向左、向右各俯身按掌三次，練習九次。

【要點】：俯身按掌時，雙腿要站直，雙膝盡量不要彎曲。雙手下按要向前、向下走弧形。

圖 49

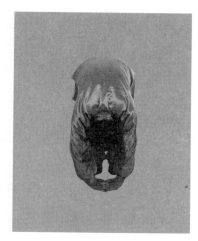

圖 50

圖 51

圖 52

圖 53

圖 54

二、前後甩腰

1. 雙腳開立，與肩同寬，雙手成掌，直臂上舉至頭部上方，掌心向前。目視前方。（圖 53）

2. 雙手直臂向前、向下甩掌至身體前方，掌心向下，上身同時向前、向下俯身。（圖 54）

圖 55

3. 雙掌向上、向後甩至頭部後方，臂部伸直，掌心向上，同時向上、向後仰身。（圖 55）

圖 56　　　　　　　　　　圖 57

　　一前一後為一次，甩動九次。

　　【要點】：甩掌俯仰身體意在甩腰，前後相甩力點要在腰上。

三、轉圓涮腰

　　1.雙腳開立，左右相距為本人腳長的三倍（馬步距離），腳尖向前，雙腿伸直，上身向前、向下俯，雙手直臂下伸至雙腳間，勿觸地面。目視雙手。（圖56）

　　2.以腰為軸，上身向左擰轉，雙臂隨之左擺，左臂擺至左腿後方，右臂擺至左前上方，左腿屈膝，腰胯向左伸。目隨身轉。（圖57）

　　3.動作不停。上身繼續向左後擰轉、後仰，雙膝微屈，雙臂隨身體向後弧形轉擺，分別轉擺至頭部左、右上側。目

圖 58

圖 59

隨右手。（圖 58）

4. 上動不停。上身繼續向右擰轉，右腿屈膝，腰、胯向右伸展，雙臂隨身體繼續向右轉擺，右臂轉擺至右腿後方，左臂轉擺至右前上方。目隨身轉。（圖 59）

5. 上動不停。上身繼續向右、向前擰轉，雙臂隨身體轉動至身前，動作同圖 56。（圖 60）

圖 60

轉動一周為一次，轉動九次。

右轉亦同。

圖 61　　　　　　　　　圖 62

【要點】：雙腳要站穩勿動。雙臂和腰部要盡量前伸、增大幅度。以腰為軸心，轉動要連貫、柔活、順達。

四、左右轉腰

轉腰頂肘：

1.雙腳開立，左右相距為本人腳長的三倍（馬步距離），雙腿屈膝半蹲成馬步，雙手握拳屈肘放至腰間，拳心向上。目視前方。（圖 61）

2.上身向左擰轉，同時，左臂屈肘，用肘尖向後頂撞，右手成掌，推抱左拳之上。目視左肘。（圖 62）

3.上身向右擰轉 180°，右臂屈肘同時向後頂擊，右掌變拳，拳心向下，力在肘尖，左拳變掌，用掌心推按右拳。

圖 63

圖 64

目隨右肘。（圖 63）

　　一左一右為一次，轉動九次。

　　【要點】：頂肘用力要均勻，逐漸做到以腰推肘。腰部轉動要柔活，不僵不滯，盡量轉到極限。雙腳十趾抓地，站立穩固，不可轉動。

轉腰探爪：

　　1. 雙腳開立，左右相距為本人腳長的三倍（馬步距離），腳尖向前，雙腿屈膝半蹲成馬步，雙手成爪，屈肘抱至腰間，爪心朝下。目視前方。（圖 64）

　　2. 上身向左後擰轉，伴隨轉身，右爪向左後方探爪，爪指向後，爪心向後，左爪仍至左腰間。目隨右爪。（圖 65）

　　3. 右爪探爪後，上身向右後擰轉，左爪隨轉身向右後方探爪，右爪收回右腰間，爪心仍向下。目隨左爪。（圖

圖 65

圖 66

66）

　　一左一右為一次，轉動九
次。

　　【要點】：雙腳站立要穩
固，不可移動。腰部轉動要靈
活、快速、有力，要轉到極
限。逐步做到以腰推爪。

轉腰劈掌：

　　1. 左腿屈膝半蹲，右腿伸
直，成左弓步。上身正直向
前，雙手成掌。右掌直臂伸至
身前，掌心向左，掌指向前。

圖 67

左掌直臂伸至身後，掌指向後，掌心向右。目視前方。（圖
67）

圖 68　　　　　　　　圖 69

2. 以雙腳前掌為軸碾地，身體向右後轉，右腿屈膝，左腿伸直，成右弓步。與此同時，右掌向上、向前、向下劈掌後繼續向下、向後、向上擺至身後，臂伸直，掌心向左，掌指向後。左掌直臂向下、向後擺至身後，再向上、向前、向下劈落至身前，掌心向右，掌指向前。目視左掌。（圖68）

3. 動作不停。以雙腳前腳掌為軸碾地，身體向左後轉，左腿屈膝，右腿伸直，成左弓步。同時，左掌向上、向前、向下劈掌後繼續向下、向後、向上擺至身後，手臂伸直，掌心向右。右掌直臂向下、向後擺至身後，再向上、向前、向下劈落至身前，掌心向左。目視右掌。（圖69）

一左一右為一次，轉劈九次。

【要點】：身體轉動要靈活、快速。力點在腰，以腰催肩，以肩催臂。雙臂轉動要走弧形。

圖 70　　　　　　　　　　圖 71

第六節　胯　功

　　胯部和腰部同為身體的「中節」部位。練好胯功，對協調全身動作、保證氣力的傳遞和勁力的順達、完成複雜多變的技法有著至關重要的作用。

一、轉　胯

　　1. 雙腳開立，與肩同寬，雙手叉腰。目視前方。（圖70）

　　2. 雙胯向前、向右轉動。目視前方。（圖71）

　　3. 動作不停。雙胯繼續向後、向左、向前繞圓轉動一

圖 72   圖 73

周。目視前方。（圖72）

　　向左轉動亦同。

　　轉動一周為一次，左右轉動各九次。

　　【要點】：轉動的幅度要大，要轉到極限。上身要協調配合，轉力點放於胯部。

二、甩　胯

　　1.雙腳開立，與肩同寬，雙腿直立，雙掌自然下垂，貼靠於大腿外側。目視前方。（圖73）

　　2.雙胯用力向左甩擊。目視左方。（圖74）

　　3.動作不停。雙胯用力向右甩擊。目視右方。（圖75）

　　一左一右為一次，甩動九次。

圖74

圖75

【要點】：甩動要快，用力要足。

三、開　胯

開前胯：

1.雙腳開立，左右相距為本人腳長的兩倍，雙腳腳尖分別向左、向右，腳跟相對，雙腿伸直，上身直立，雙手成掌，直臂伸於身前，掌心向下。目視前方。（圖76）

圖76

2.身體下蹲，雙腿大腿部位接近水平，雙臂動作不變。

圖77

圖78

目視前方。（圖77）

3.身體直立，雙腿伸直，雙臂仍放至身前。目視前方。（圖78）

一蹲一起為一次，蹲、起九次。

【要點】：蹲、起的動作要緩慢。

開後胯：

1.雙腳開立，左右相距為本人腳長的兩倍，雙腳腳

圖79

尖向內相對，雙腿伸直，上身直立，雙掌直臂伸於頭部上方，掌心向前。目視前方。（圖79）

圖 80

圖 81

2.上身前探，直臂，雙掌向下、向前伸直。目視前方。（圖80）

3.動作稍停，上身後仰，雙掌直臂向上、向外、向後、向下擺落至身體兩側後上方，掌心向上。目視上方。（圖81）

4.雙臂向前、向下，上身同時向前成圖80的動作姿勢。（圖82）

圖 82

上身一前一後為一次，擺動九次。

【要點】：上身前後擺動不要太快，用力要均勻，腿部不要彎曲，達到開後胯的目的。

圖 83

圖 84

第七節　膝　功

　　膝部是人體下肢的樞紐，同時也是易傷和抗擊打的薄弱部位。由此可見膝功習練的必要性。

一、跪　膝

　　1. 雙腳併步站立，身體直立，雙手叉腰。目視前方。（圖 83）

　　2. 雙腳站穩，雙膝向下跪，上身與大腿成一線，頭部向上頂。目視上方。（圖 84）

　　3. 身體起立，雙腿直立，動作同圖 83。（圖 85）

圖 85

圖 86

　　一跪一起為一次，跪、
起九次。

　　【要點】：動作不宜太
快，用力要均勻。

二、提　膝

　　1. 雙腳開立，略窄於肩
寬，身體直立。雙手成掌，
自然下垂，貼靠於兩大腿外
側。目視前方。（圖 86）

圖 87

　　2. 右腳站穩，左膝上提
至身前，腳尖向下。目視前方。（圖 87）

　　3. 左腳落地站穩，右膝上提至身前，腳尖向下。目視前

圖 88　　　　　　　　　　圖 89

方。（圖 88）

雙膝各提、落九次。

【要點】：雙膝盡量提高，達到極限。

三、轉　膝

併步轉膝：

1.雙腳併步站立，雙膝微屈，雙掌按扶雙膝。目視下方。（圖 89）

2.雙膝向前、向右轉動。目隨膝行。（圖 90）

3.上動不停。雙膝繼續向後、向左、向前轉動一周。目隨膝行。（圖 91）

轉動一周為一次，轉動九次。

圖90

圖91

左轉亦同。

【要點】：轉動幅度要盡量放大，並要柔活。

開步轉膝：

1.雙腳開立，與肩同寬，微屈膝，上身前俯，雙掌分別按於雙膝之上。目視下方。（圖92）

2.雙膝同時向內、向前轉動。（圖93）

圖92

3.動作不停。雙膝繼續向左、向右轉動（圖94）。向後、向內轉動一周後動作同圖92。

圖 93　　　　　　　　　　圖 94

　　轉動一周為一次，轉動九次後，再按相反方向轉動九次。

第八節　腳　功

　　腳部在武術習練中有著特殊的作用。迷蹤拳很重視下盤功夫，對腳功的習練方法也很多，在這裡僅介紹活腳功的幾種功法：

一、翹　腳

　　1.右腳站穩，左腳提起向前直伸，腳離地面 20 公分，腳尖向前。上身直立，雙手叉腰。目視前方。（圖 95）

圖 95

圖 96

2. 左腳腳尖用力上翹。目視前方。（圖 96）

3. 動作不停。左腳腳尖用力下點。目視前方。（圖 97）

一翹一點為一次，翹、點九次。

右腳亦同。

【要點】：腳上翹下點要用力，達到極限。

圖 97

二、轉　腳

1. 右腳站穩，左腳提起直腿前伸，離地面約 20 公分，

圖 98

圖 99

腳尖向前。上身直立,雙手
叉腰。目視前方。（圖
98）

2.左腳腳尖上翹向前上
方後,向左、向下、向右、
向上繞圓轉動一周。目視前
方。（圖99）

3.腳尖向右、向下、向
左、向上繞圓轉動一周。目
視前方。（圖100）

轉動一周為一次,左右
各轉動九次。

右腳亦同。

【要點】:轉動幅度要盡量放大。單腳站立不穩者可借

圖 100

圖 101

圖 102

助手扶物體保證轉腳效果。

三、縱　腳

　　1.雙腳併步站立，腳尖
向前。雙手自然下垂，貼靠
於兩大腿外側。目視前方。
（圖 101）

　　2.雙腳腳跟用力上提，
前腳掌著地。目視前方。
（圖 102）

　　3.雙腳腳跟下落，全腳
掌著地。目視前方。（圖 103）

　　一提一落為一次，提、落九次。

圖 103

【要點】：雙腳起落時腿部始終要伸直。腳跟逐漸提高，逐步達到用腳尖站立。

上述動作的習練，一般做九次為限，習練者可根據自身情況和時間的長短增加或減少。還可以有重點地選擇練習。練習速度要由慢到快，用力由小到大，圓和自然，逐漸熟練，步步提高。

第三章

椿　　功

椿功是迷蹤拳的基本功法。在迷蹤拳授拳的古訓中有「入門先蹲三年椿」的說法，可見對椿功的重視程度。

迷蹤拳椿功的習練方法，一種是套路的形式，這種形式按照編排好的動作和運動路線習練，每一個定式均是一個椿式，傳統的叫法是「拉架子」「蹲椿」。這種練法比較普遍，入門習拳之人首先要練架子功。

另一種形式就是在形體相對靜止的狀態下進行椿式習練。這種練法不普遍，只是在部分人中授習。原因是師傳保守，加之有些習拳之人不明拳理，不懂椿功的必要性，故而「動練容易靜練難」；覺得站椿枯燥，「練而生煩」，難以堅持。實際上，這種椿式習練簡單而高深，既能治病、防病、強身健體，又容易練出技擊所需要的真功夫。

架子功在《迷蹤拳》第一冊中已進行了全面圖解，在這裡不再贅述。現只介紹幾種椿法。

第一節　無極椿

一、站立姿勢

1. 雙腳併步站立，身體直立，雙手下垂，將全身挺一下，然後使全身盡量放鬆。目視遠方。（圖1）

2. 身體重心移至右腿，左腳擦地向左移開，雙腳距離與肩同寬，腳尖向前。身體重心移至兩腿中間，身體自然直立。雙腿微屈膝，身體微向下坐。雙手自然下垂，稍離身

圖1　　　　　　　　　　　　圖2

體，雙肘微屈，並有外撐內裹之意。全身氣靜神怡，輕鬆站立。（圖2）

二、對身體各部位的要求

除前面提及的內容外，對身體一些部位的要求如下：

頭部：頭部要端正，頸部要直，下頜微收，頭頂中心像有細繩吊提，但要自然，似頂非頂。面帶微笑。

肩部：肩部要鬆而平，腋下要虛。

胸、背：胸窩微收，背骨自然豎直，含胸拔背。

腹、臀：臀部微收，要端正，小腹鬆圓。

腳部：雙腳要放平，腳趾微扒地，腳心要虛。

眼睛：雙目前視遠方，由遠而近，慢慢收斂，亦可輕輕垂簾或閉合。

口、鼻：口部輕閉，用鼻部呼吸，呼吸要均勻自然，慢慢變成深呼吸。

舌、齒：牙齒上下輕接，舌尖微捲，輕觸上頜。

耳部：凝神靜息。

三、意念活動

意念活動要有利於放鬆和入靜，要意想自己是在充滿鮮花、綠草、青松的秀麗環境、場所中練功，邊練功邊觀賞著美景，呼吸著新鮮空氣，聞著鮮花散發出的馨香。

這樣的意念活動會使練功者的思想和肢體自然而然地進入練功狀態，也正是無極樁所要求的放鬆狀態。

第二節　壯元固樁

一、站式一

1.雙腳併步站立，腳尖向前，身體直立，雙手自然下垂，全身向上挺一下後盡量放鬆。目視遠方。（圖3）

2.左腳向左移步，與肩同寬，雙腳腳尖向前。身體正直挺立，頭正頸直，下頜微收，自然頂懸。口輕閉，用鼻呼吸，牙齒上下輕接，舌尖輕抵上頜。肩要平、要鬆，腋下要虛。含胸拔背，小腹鬆圓，臀要正並微收。雙腿膝微屈，身體有微微下坐之意。雙腳要平放，腳心要虛，腳趾輕扒地。

圖3   圖4

雙手成掌，向前輕放至小腹之上，掌心向內，右掌在外。雙眼前視遠方，由遠及近，慢慢收斂，然後，可輕輕垂簾或閉合。全身鬆靜站立。（圖4）

意念與呼吸有兩種方法：

第一種是意想宇宙間真氣從上下、左右、前後徐徐進入小腹之中，然後意守小腹（下丹田）。呼吸順其自然。

第二種是意念呼吸，採用深呼吸方法，吸氣時想像把宇宙間的真氣從四面八方吸入小腹，呼氣時不必管它，任其自然，去掉意念。

二、站式二

1.預備動作同圖3。

2.左腳向左移開，雙腳開立，與肩同寬，雙手放至背

後，左手握右手，雙手虎口
相接，雙手手背貼放於兩腎
部位。對身體各部位的要求
同圖4。（圖5）

圖5

　　採用意念呼吸之法，吸
氣時意想將宇宙間的真氣從
上下、左右、前後緩緩吸入
腰部和小腹部，呼氣時順其
自然。

　　以上介紹的是無極椿和
壯元固本椿兩個椿式，主要
起健身強體的作用，同時也
會增強技擊所需之勁力。無極椿一次站半小時即可，在時間
及體力許可的情況下站一小時最佳。壯元固本椿的意念，深
呼吸從九次開始，到四十九次、八十一次為止。呼吸要緩慢
深長。

第三節　馬步椿

一、站式一

　　1.雙腳併步站立，身體直立，雙手自然下垂，貼靠於兩
大腿外側，頸直頭正。目視前方。（圖6）

　　2.左腳向左邁開，左右相距為本人腳長的三倍（馬步距

圖 6

圖 7

離），雙腿屈膝半蹲成馬步，腳尖向前，大腿基本持平，膝不過腳尖。胸腹正直，肩要平，雙手握拳，屈肘放至腰間，拳心向上。頸部要直，頭部要正，自然上頂懸，全身盡量放鬆。目視前方。（圖 7）

【意念】：意想背靠在被壓癟的粗大彈簧上，彈簧具有彈力，前推自己的身體，自己的雙腳如生根入地，身體穩立，絲毫不動。只可用意念，不可用力。

二、站式二

1. 預備動作同圖 6。

2. 左腳向左邁開，身體蹲成馬步，雙手握拳，前臂持平伸至身前，拳眼向上，拳面朝前，對身體各部位的要求同圖 7。（圖 8）

【意念】：雙拳面前頂在被推瘮的粗大彈簧上，彈簧具有彈力後推，自己用雙拳頂住彈簧彈力，身體穩若泰山，只可用意念，不可用力。

三、站式三

1.預備動作同圖6。

2.左腳向左開立，雙腿屈膝蹲成馬步，雙手握拳放至身體左右前側，拳眼向上，拳面向前，雙臂屈肘，微向外撐，前臂持平，對身體各部位的要求同圖7。（圖9）

【意念】：意想用雙臂向左右撐推著被推瘮的粗大彈簧，彈簧的巨大彈力從左右兩側向中間推來，自己用雙臂輕輕撐著，身體穩步站立，只可用意念，不可用力。

四、站式四

1.預備動作同圖6。

2.左腳向左邁開，雙腿屈膝蹲成馬步，雙手握拳前伸，

圖8

圖9

肘微屈，拳心向上，對身體各部位的要求同圖 7。（圖 10）

【**意念**】：意想雙臂托著被推瘸的粗大彈簧，彈簧有巨大的彈力向下壓，自己雙臂輕輕托住，毫不費力，身體穩固站立。只可用意念，不可用力。

圖 10

五、站式五

1. 預備動作同圖 6。

2. 左腳向左邁開，雙腿屈膝蹲成馬步，雙手握拳前伸至身前，拳心向下，肘微屈，對身體各部位的要求同圖 7。（圖 11）

【**意念**】：意想雙拳向下摁住被推瘸的粗大彈簧，彈簧有巨大的彈力向上頂，自己雙拳輕輕壓住，身體穩如鐵塔。只可用意念，不可用力。

馬步椿難度較大，開始站立時會腿力不支。可以從一分

圖 11

鐘站起，站到五分鐘基本就算入門了。逐漸增加時間，能站至半小時時就具有一定的功力了。若達到一小時便會功力大

增。開始站立時可以不加推托撐壓彈簧的意念，只求鬆靜站立。入門後再加意念。初站時容易急躁，一定要注意克服，要有耐心、恆心和毅力。

第四節　虛實小步樁（合力樁）

一、站立姿勢

1.雙腳併步站立，身體直立，雙手自然下垂，貼靠於兩大腿外側。目視前方。遠望天際，目光凝聚內斂，精神集中，凝神定意。全身向上挺拔後筋肉放鬆，但要似鬆非鬆，鬆而不懈，緊而不僵。（圖12）

2.右腳腳尖向右轉動45°，身體隨之右轉。左腳方向不變，向前邁出一步後，向右移約一隻腳的寬度，左腳外側與右腳跟約成一條直線，雙腳成「半八步」。步子的大小以合適為度，雙腳前後力量的比重為前二後八，後腿為主要支撐腿。步子定好之後，開始對身體相關部位進行調整：右腿屈膝，右胯向後略靠，左腿微屈膝，膝蓋部位微向前指。雙手徐徐上抬，左手高度與肩平，右手略低於左手，雙臂彎曲，左手與左腳在一條線上，右手與右腳腳尖在一條線上。雙手十指張開，虎口稍撐。身體挺拔、鬆靜站立。（圖13）

圖 12　　　　　　　　　　圖 13

二、對身體相關部位的要求

頭、頸：頭為人之首，頭的位置對身體運動很重要。頭部要端正，要頂懸，好像有線上提。頸部要直，微向左擰。下頜微收，頸前能容球。

背、肩：背骨自然豎直，背圓胸虛，雙肩放鬆下垂，微微外張，腋下虛能容物。

手、臂：雙臂屈肘抱圓，雙手間距離為 25～30 公分，十指分開外張，掌心內吸，虎口稍撐。

腿、腳：雙腿支撐身體的比重，前二後八或前三後七，雙腿微向內滾裏，膝部向外翻張。右腳全腳掌著地，左腳跟要虛，腳趾有扒地之意。

口、鼻：口自然閉合，稍露縫隙，呼吸要自然勻稱。

舌、齒：牙齒上下輕接，不可叩合。舌尖微捲，輕觸上顎，似頂非頂。

耳、目：雙耳要凝神靜息，做到「斂神聽細雨」。雙眼前視，遠望天邊，神意內斂，凝神定意。

三、意　念

調整好身體外形的姿勢後，開始進行意念活動。

首先，把身體自我放大，意想自己好似頂天立地的參天巨人，昂首站立在大地上，惟我獨占，周圍都要以自己為中心。有了這樣的總體意念後，開始進行具體的意念假借：意想雙臂和前身抱著一個粗大的彈簧，彈簧底部埋於地下，抱其上部往上拉，把彈簧拉開，再向下摁，把彈簧摁瘞，向前推，把彈簧推歪，向後拉，把彈簧拉斜。向左、向右亦如此。反覆練習。只可用意念，不可用力。意念中把動作做慢、做小。

以上所講為左式動作，右式動作亦同。

此樁式之所以又稱「合力樁」，是因為迷蹤拳所修之上乘武功所練求的勁力稱為合力，也就是多種勁力相合為一的拳術力量。而這種樁式就是求得合力的樁法，故稱合力樁。

習練此樁法可從站五分鐘、十分鐘開始，逐漸增加時間，習練者要給自己留有餘地，總的活動量要控制在每次習練後要有新的感覺，要有想繼續練習的興趣和求練感，而不能有「厭練」的想法。

練習中要特別注意做到三條：

第一條，思想要高度集中，排除任何雜念。

第二條，身體要放鬆，防止由於意念緊張活動而造成身體僵緊。

第三條，呼吸要自然暢通。

第五節 虛實大步椿（伏虎椿）

一、站立姿勢及要求

1. 雙腳併步站立，腳尖向前，身體直立，雙手自然下垂，貼靠於兩大腿外側。目視前方。（圖14）

2. 右腳腳尖向右轉動60°，身體隨之微微右轉，左腳方向不變，正直向前邁出約自身腳長的兩倍後，向右移一個腳

圖14

圖 15

的寬度，左腳外側與右腳腳跟約在一條直線上。左膝前屈，左腳腳跟不要著力踏實。雙手成八字掌，左掌放至左膝內側，拇指向右，其餘四指向左，掌心向下。右掌放至右大腿內側，拇指向左，其餘四指向右，掌心向下。上身微微前伏，臀部微微向右下坐。目視左腳前約一公尺處。（圖15）

二、意 念

姿勢調整好後，意想胯下臥著一隻猛虎，猛虎拼命掙扎，欲要躍出。而自己前手掐其頸，後手按其腰，防其翻騰躍出。精神要高度集中，時刻警惕惡虎傷噬。

此樁式習練運動量較大，可從五分鐘站起，時間逐漸增長。左右式交換練習。習練此樁，主要不在於外形姿勢如

圖 16

圖 17

何，而在於意念的運用，神意一定要足。

第六節　獨立椿

一、姿勢和要求

1. 雙腳併步站立，身體直立，雙手自然下垂，貼靠於兩大腿外側。目視前方。（圖 16）

2. 左腳站穩，微屈膝，右腿提起，右腳前伸，屈膝，腳尖向上，稍斜前方。雙手十指張開，撑按身體兩側，肘微屈，屈腕，手掌平放，掌心向下，上身正直，頭頂項豎。目視前方。（圖 17）

二、意　念

姿勢站好後，意想左腿有木棍支撐，十分穩固，右腳前蹬一棵大樹，一用力大樹就會抖動，甚至歪倒，反覆蹬踹，雙掌各按扶一棵木樁，使整個身體穩若泰山。

左右式交換練習。站立時間逐漸增加，由短增長。

第四章

硬　　功

　　硬功是迷蹤拳的重點功法，在迷蹤拳中占有一定地位。習練硬功既可強身健體，又能技擊自衛。硬功的習練，內外兼修，神形合一，功表於外，易見效果，所以，歷來受到許多練功者的青睞。

　　需要特別說明的是，修練硬功時一定要嚴格按照要求去練，不可盲目行功，違規操練，以免造成對身體的傷害。

第一節　鐵砂掌功

一、習練方法和要求

1.方法一

　　身體成左弓步站立。左臂前伸，肘微屈，左手掌心托沙袋，與腰齊高，右掌直臂向後、向上、向前、向下掄臂拍打沙袋。（圖1）

2.方法二

　　身體成右弓步站立。身體前放一齊腰高的桌子或椅子，沙袋放至其上，右掌可直臂從身體兩側向後、向上、向前、向下掄拍沙袋。（圖2）

　　【行功具體要求】：

　　（1）掌心、掌背、拇指一側、小指一側每次各拍打一百下。一般每天拍打一次，時間以早晨或晚上為宜。

　　（2）拍打勁力，開始可微用力，待掌適應後逐漸加力，用力的標準要掌握在只有輕度疼痛、無劇痛的感覺為

圖1　　　　　　　圖2

度。

（3）要選擇清靜的場地習練，精力要集中，排除一切干擾。

（4）對意念、呼吸的要求：掄掌時吸氣，拍掌時呼氣；呼吸要深長、柔和、自然。同時意想，吸氣時把宇宙間真氣吸入下丹田，拍掌呼氣時丹田真氣運於手掌之上。

（5）拍打速度，以呼吸一次、拍打一次為度。經過一段時間習練後，如要加快拍打速度，可不加意念，呼吸自然，任意拍打。

二、沙袋的製作

1.用帆布兩層縫成長約25公分、寬約15公分、厚約7公分的長方形袋子（手托式用），或四邊長約25公分、厚

約7公分的正方形袋子，內裝豆粒大小的鐵砂。每次拍打前和拍打後用藥水泡洗雙手，防止傷筋骨。

2.用同樣的袋子內裝綠豆，配摻花椒，比例為10：1.5。綠豆堅硬，且能去毒，配以花椒，解毒效果更佳。打碎後更換新袋，久練能起到與鐵砂同樣的效果。

習練時雙掌交換拍打。習練不可間斷，一百天即有顯著效果，一年可告功成。功成後仍要不斷操練，時間越久，功力越深。

第二節 鐵臂功

一、練式一

每天清晨，找一個清靜並空氣新鮮的場地。首先，身體鬆靜站立，深呼吸約五分鐘，然後行功。

【具體操法】：身體直立，雙腳開立，與肩同寬，左手輕握拳，左臂前伸，用右手掌心拍打左臂，由上臂根處開始，依次向下拍打，至手腕處止。手心、手背、拇指側、小指側四面各依次拍打五十下，共計二百下。左臂拍畢，交換右臂練習。用左掌拍打右臂，次數同左臂。開始拍打，用力要輕，逐漸加大勁力，拍打時，意隨掌行，拍打哪裡，意想體內氣到哪裡。

數日後，感覺用掌拍打力輕時，改用拳心拍打，要求同上。（圖3）

圖3　　　　　　　　　　圖4

【要點】：每天清晨必練，如時間允許、精力充餘，晚上可加練一次，要求同上。

二、練式二

每天清晨，在空氣新鮮、清靜場地，鬆靜深呼吸，站立數分鐘後行功。站立姿勢同上，右手握內裝一公斤綠豆配花椒的布袋，比例為10：1，拍打左臂，拍打的部位、次數、意念的動用等要求同上。左臂、右臂交換練習。（圖4）

此練式是在練式一的基礎上進行的，當用拳拍打感覺力輕時改練此式。

每天清晨堅持習練不間斷，晚上是否練習根據個人的時間、精力等情況而定。拍打時被拍打的胳膊要脫去衣服，赤臂拍打。

三、練式三

用布豆袋拍打數日後，會感到力輕，此時可改練此式。在習練場地放置粗細、長短適宜的木樁一根，可纏裹適當軟物。每天清晨，鬆靜站立，深呼吸數分鐘後進行操習。操習時有兩種方法：一種是胳膊、手掌、手背、拇指一側、小指一側四面從臂根到手腕依次撞擊木樁各數十下；第二種是用胳膊任意擊打木樁，可以是定步，也可以是活步，時間靈活掌握。

此式習練，呼吸自然，意念運用同上。胳膊任何部位打擊木樁，意想體內真氣到任何部位，以意行氣，氣隨臂行。

四、練式四

此式由兩人習練，具體練法是：

1.甲、乙雙方均右前式站立，用前臂手心一側向上、向左互相靠擊，然後再向右、向下、向左相互靠擊。目隨臂行。（圖5、圖6）

上下相互靠擊各數十下後，可改練下式。

2.甲、乙雙方仍右前式站立，用前臂手背一側向上、向右互相靠擊後，再向左、向下、向右相互靠擊。目隨臂行。（圖7、圖8）

上下相互靠擊各數十下後，再練下式。

3.甲、乙雙方均右前式站立，用前臂小指一側在身前向左揉挎靠擊數十下後，再用拇指一側於身前向右揉挎靠擊。

圖 5　　　　　　　圖 6

圖 7　　　　　　　圖 8

目隨臂行。（圖 9、圖 10）

　　右臂操習完畢，改操習左臂，雙臂交換練習。

圖9 　　　　　　　　　圖10

五、練式五

圖11

　　此式要有人輔助練習，方法是：

　　1. 習練者左前式站立，陪練者右前式站於身前，右手持木棍向習練者頭部劈打，習練者用左前臂向頭部上方迎架木棍。習練數十下後，陪練者改用木棍向習練者腹部戳擊，習練者用左前臂向下磕擋木棍。目隨臂行。（圖11、圖12）

2.習練者左前式站立，陪練者於身前用木棍向習練者胸部戳擊，習練者用左前臂向右揉挎磕擋木棍。習練數十下後，習練者改用左前臂向左磕擋木棍，如此再習練數十下。目隨前臂。（圖13、圖14）

圖 12

左臂、右臂交換習練，方法亦同。此式習練，前臂上下、左右迎架磕擋要用螺旋揉滾之力。

第四式、第五式主要是

圖 13

前臂的練習，除了練習前臂的硬度之外，還習練身體的靈活和頭腦的反應能力。更接近技擊實戰。

鐵臂功的整體習練，一、二式必操練，如受時間所限，三、四、五式可選擇習練。每日操練不可間斷，百日定有顯著效果。此時仍需進一步修練，直至手臂輕抬不懼棍棒劈打，且能把棍棒震斷，可告功成。

圖 14

第三節　鐵頭功

一、練式一

每天清晨，在空氣清新的場地，鬆靜站立，深呼吸數分鐘之後，開始行揉功。因頭部長有頭髮，行揉功時可採取黏連揉法，即手掌黏著頭皮揉動。

【具體操法】：

1.左掌心放於頭頂部位，右掌放在左掌之上，按順時針畫圓揉動三十六轉（約兩分鐘）。開始用力要輕，轉圈可

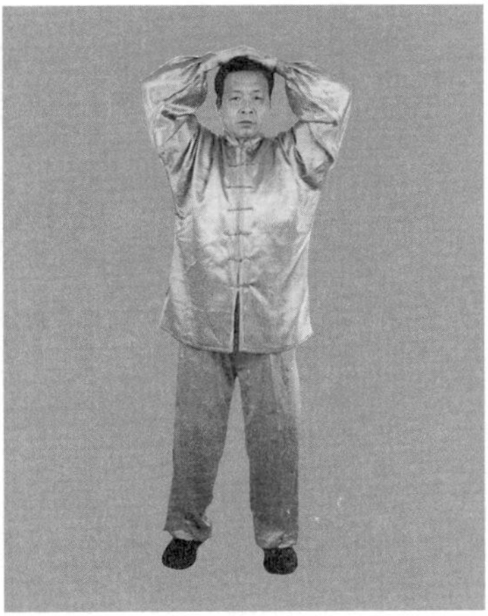

圖 15

圖 16

小，逐漸加力，並放大轉圈到
極限。揉動時精力要集中，意
隨掌動，意想體內真氣隨掌轉
動。身體要放鬆，呼吸要自
然。（圖 15）

　2.頭頂部位揉完後，雙掌
移至頭頂前部，以同樣的方法
揉動三十六轉。要求、意念均
同上。（圖 16）

　3.頭頂前部揉完後，雙掌
移至頭頂後上部以同樣的方法
揉動三十六轉後，再移至頭頂

圖 17

後下部同樣揉動三十六轉。要求、意念同上。（圖 17、圖
18）

圖 18　　　　　　　　　圖 19

　　4.頭頂後部揉完後，雙掌分別貼放至頭部側前部位，雙掌同時按順時針揉動三十六轉。要求、意念同上。（圖19）

　　全部揉完後，身體鬆靜站立，深呼吸數分鐘後收功。

　　如時間、精力充沛，操練可延長時間，晚上可加練一次。

二、練式二

　　行揉功數日後（最少十八天），因頭部真氣充盈，會感到頭腦清楚，精力充沛。此時，在繼續行揉功的同時要加拍打功，方法是：

　　1.每天揉功習練完後，用雙手掌心從頭頂部位依次向前拍打頭頂及兩側部位，拍打四下為一遍，拍打三十六遍。

圖 20

圖 21

（圖 20）

　　2.雙掌向前拍打完畢，再從頭頂部位依次向後、向下拍打腦後部位，拍打四下為一遍，同樣拍打三十六遍。（圖21）

　　全部拍打完後，鬆靜站立，深呼吸數分鐘後收功。

　　行拍打功，開始力量要輕，不可有震痛的感覺，隨著時間和功夫的增長再緩慢加大力量。拍打時精力要高度集中，排除一切雜念。意隨掌行。掌拍到何處，就想像頭內真氣走到何處。

三、練式三

　　經過一段時間的習練之後，用掌拍打頭部不僅沒有痛感，而且還感到力量輕時，再修練此法。練法是：

圖 22　　　　　　　　　圖 23

　　用軟布做一個能裝一公斤綠豆（配一兩花椒）的底部
大、上部小的圓布袋，上部用細繩扎牢。每天行揉功後，右
手握布袋上部，用底部捶打頭部，從頭頂中間開始，依次向
前捶打四下為一遍，捶打三十六遍，再依次捶打頭前兩側各三
十六遍。向前捶打完畢後，從頭頂中間開始依次向後捶打四
下為一遍，捶打三十六遍，再依次捶打頭前兩側各三十六
遍。向前捶打完畢後，從頭頂中間開始依次向後捶打四下為
一遍，捶打三十六遍，再依次捶打頭後兩側各三十六遍（圖
22、圖 23）。全部捶打完畢後，身體鬆靜站立，並再行揉
功數分鐘收功。

　　開始捶打輕用力，漸漸加力。伴隨時長功深，袋漸加
重，力漸增猛，以頭不覺痛為度。捶打時，仍要意隨手行，
捶打哪裡，就意想頭內真氣到哪裡。捶打時右手力乏時可換
左手。

四、練式四

上述練式習練數月後，增練此式。

在習練場地埋一木樁，高低、粗細適當，纏裹適量軟物。每日行揉功、捶打功之後練此功。用頭頂部位、兩側部位、腦後部位分別頂、磕、搖、撞木樁各數十下，由輕到重，不痛為度。練習頭部頂撞木樁之後，身體鬆靜站立，再行揉功數分鐘後收功。

此練式既可練頭部的硬度，又可練身體和頭部的靈活性，更接近技擊實戰。習練時仍要意隨頭行。

頭為人體之首。習練此功，使頭部真氣充盈，入骨入髓，堅硬如鐵，不僅能技擊實戰，而且能健腦益智，習練時要嚴守要求，不可間斷，百日即有顯著成效，一年功達中乘，兩年可告功成。

第四節 鐵腿功

一、功法一

每天清晨在室外空氣清新處行呼吸功後，回到室內練此功。用約同膝高的方凳一個放於身前，右腿站穩，左腿前伸，左腳放至方凳之上，行按摩揉功：用左掌按揉左腿，首先按揉腿前一面，從大腿根處按順時針方向轉圈按揉，依次向下揉至腳面為止。然後，腿外側、後側、內側均照此方法按揉，腿四面全部按揉完為一遍。反覆按揉數遍後，雙腿交

圖 24

圖 25

換，改按揉右腿，揉法相同。
（圖 24、圖 25）

　　按揉時要脫掉長衣，穿著
短褲。揉時意隨掌行，意想體
內真氣隨揉掌轉動。每次習練
要在半小時以上。若條件具備
晚上再練一次。

二、功法二

　　行揉功十八天後，增練此
功。練此功時揉功可稍減些時
間，每天行揉功完畢後，用拳

圖 26

心捶打腿部，捶打時仍要從大腿根開始，依次捶打數遍。左
拳捶打左腿，右拳捶打右腿，雙腿交換捶打（圖 26、圖

圖 27

圖 28

27）。捶打完畢後再行揉功幾
遍收功。

　　捶打開始輕用力，逐漸增
力。捶打時思想要集中，意隨
拳行，氣隨拳動。

三、功法三

　　用拳頭捶打約四十五天，
會感到力輕，此時改練此法。
用細布兩層做底大口小的小圓
布袋一個，內裝一公斤綠豆，
摻二兩花椒，上口扎牢。每日

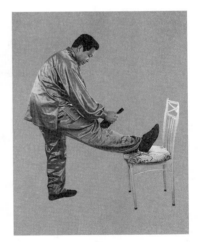

圖 29

行揉功之後，手握豆袋用底部捶打腿部。捶打的方法、要求
及意念的運用均同上。（圖 28、圖 29）

四、功法四

上述捶功習練約兩個月後，會有一定功效，在此基礎上增練此功。在清靜空氣新鮮場地埋上低木樁數根（約同膝高），纏裹適當軟物。每天行揉捶功之後，用腿正反掃撞木樁，力由輕漸重，掃撞次數由少到多。左右腿交換練習。

腿部操習著力點面積大，結構較複雜，膝蓋、小腿迎面骨、小腿肚、腳面均是抗擊打薄弱部位，所以，習練難度較大，需要時間較長。操習時，除了要循序漸進外，對重點部位在全面練習的基礎上可有所側重。每天練習不斷，百日初見成效，一年半功效明顯，三年可告功成。

第五節　鷹爪功

一、練式一

每天清晨在清靜空氣清新場地，首先身體鬆靜站立數分鐘，然後雙腳開立，與肩同寬，雙膝微屈，雙手徐徐上抬至身前，與肩同高，雙肘微屈，雙掌十指張開成鷹爪狀，手心向下。頭頂項豎，含胸拔背，身體放鬆，雙目前視，凝神定意，自然呼吸。姿勢站好之後，注意意念的假借：意想雙手下各埋一粗大的彈簧，自己雙手十指用力抓住彈簧頂部，輕輕上提，把彈簧拉開，然後十指輕輕下摁，把彈簧壓緊，上

提、下摁時動作要慢、要
小，手指微動，主要用意
念。如此反覆練習。（圖
30）

二、練式二

每天清晨在清靜空氣清
新場地，首先身體鬆靜站立
數分鐘，雙腳開立，與肩同
寬，雙膝微屈，雙手徐徐向
身體兩側抬起，高與肩平，
手心向下，十指成鷹爪狀，
頭頂項直，含胸拔背，雙目
前視，凝神收斂，呼吸自
然。調整好姿勢後，開始用
意念假想雙手下各埋一粗大
彈簧，雙手提、摁彈簧的要
求同上。（圖31）

以上兩式為練氣、練意
念力之法，是練鷹爪功的基
礎功法，也是首習和必修之
法。開始習練，雙肩有痛
感，可從五分鐘站起，逐漸

圖 30

圖 31

延長至半小時。每天練習完畢後鬆靜站立片刻，活動一下手
臂即可收功。

三、練式三

每天練此功前，先鬆靜站立幾分鐘。行此功時，身體俯臥，雙腳腳尖著地，雙手十指按地，屈肘，身體接近地面。十指用力，將身體直臂撐起，然後屈肘使身體下俯後再直臂撐起。如此反覆練習。（圖32、圖33）

開始習練時，如果手指撐地困難，可先用手掌撐地，漸漸改用手指、手指尖撐地。習練的時間也要由短逐漸延長。經過一段時間的習練後，雙手十指撐地感到輕鬆時，可改為單手撐地習練，方法、要求同雙手。每次習練掌指感到難以支撐時，站起後活動一下手指和雙臂即可收功。

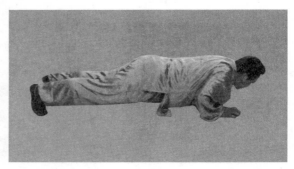

圖 32

圖 33

圖 34　　　　　　　　　　　　圖 35

四、練式四

準備壇子兩只，每天清晨到空氣清新的場地行呼吸功後，回到室內或院內練習此功。首先把手指、手腕、雙臂活動一下，然後雙手手指各抓一只壇子口把壇子提至身前，雙臂伸直，約與肩平，身體直立，頭頂項直，雙膝微屈，腳趾抓地，意守下丹田，呼吸自然，斂氣凝神。雙手於身前提壇幾分鐘後，向左、向右移動至身體兩側，雙臂伸直，高與肩平，其他要求不變。可反覆移動練習。（圖 34、圖 35）

上述練法有相當基礎後，可進行放、抓壇子練習。方法是：身體成高馬步站立，左手抓壇子上提，提到極限時，放手使壇子下落，右手快速於身前懸空抓住壇口後，上提到極限，放手使壇子下落，左手於身前快速抓住懸空的壇子。如

圖 36 圖 37

此反覆習練。（圖 36、圖 37）。

此式練法難度較大，開始練時，手指、肩部難以堅持，要有毅力和恆心。習練時間可從五分鐘起，逐步延長。壇子的重量可每兩三日增加些，直至壇子重達八十斤以上，雙手輕輕提放，毫不費力，可告功成。

五、練式五

準備大缸一個，內裝綠豆，並以 10：2 的比例摻放花椒。每天清晨身體鬆靜站立，並進行意念深呼吸，吸氣時，意想把大自然中的生氣吸入下丹田，呼氣時氣行至雙手指端。數分鐘後練此功，身體站於缸前，雙手十指輪換向缸中綠豆中插下、提起，下插時要到極限，手指要叉開，上提時要握拳抓豆，反覆練習。

練功完畢後，身體鬆靜站立，深呼吸幾分鐘，活動一下手指即可收功。（圖38）

圖38

此功主要練習手指硬度和插力。傳統的練法，習練前要用藥水洗手，缸中放鐵砂。綠豆堅硬且能去毒，配放花椒效果更好。久練能收到與鐵砂同樣的功效。習練要循序漸進，逐漸延長時間，不要急於求成。

六、練式六

在習練場地埋置與人同高、粗細適當的木樁一根，纏裹硬而光滑之物。每天習練此功前，先要鬆靜站立深呼吸數分鐘。

【習練方法】：一是高馬步站於樁前，用雙掌指插、抓木樁；二是採取活步，圍繞木樁任意抓、插。練習完畢後，活動一下掌指便可收功。

此式習練，既練手指抓插之力，又練身體的靈活性，接近實戰。習練時要把木樁當成敵人，把掌指的抓插看成是與敵人的對搏，這樣，習練效果會更好。

第六節　金剛力功

一、練式一

　　每天清晨，在清靜空氣新鮮的場地，面東背西，鬆靜站立，深呼吸幾分鐘後練此功。仍面東站立，雙腳開立與肩同寬，腳尖向前，雙膝微屈，上身正直，頭上頂，舌抵下頜，雙目平視前方，雙手握拳下垂於身體兩側，拳心向內，拳面向下。姿勢站好後進行意念呼吸，吸氣時意想把大自然中的生氣吸入下丹田，身體勿用力；呼氣時怒視前方，牙咬緊，雙腳十趾抓地，提肛，雙拳用力握一次，並意想雙手上提有千斤之力，勿放鬆。一吸一呼做三十六次，自然呼吸一次後接練下式。（圖 39）

二、練式二

　　接上式。身體其他姿勢和要求不變，惟兩拳屈肘上至兩肩外側，拳面向外，沉肩胸微挺，肘尖微向後。姿勢調整好後，開始意念呼吸，吸氣時意想把宇宙間的真氣吸入下丹

圖 39

田，呼氣時怒視前方，牙咬緊，雙腳十趾抓地，提肛，雙拳用力握一次，並意想雙拳外頂有千斤之力，勿放鬆。一吸一呼做三十六次，自然呼吸一次後接練下式。（圖40）

圖40

三、練式三

接上式。雙拳、臂外旋，向外直臂伸出，拳心向上，其餘動作和要求不變。姿勢調整好後進行意念呼吸，吸氣時要求同上，呼氣時怒視前方，牙咬緊，雙腳十趾抓地，提肛，雙拳用力握一次，並意想雙拳托有千斤之力，勿放鬆。一吸一呼做三十六次，自然呼吸一次後接練下式。（圖41）

圖41

四、練式四

接上式。雙拳直臂伸於身前，約同肩高，拳面向前，拳心向內（左拳向右，右拳向左），拳眼向上。調整好姿勢後行意念呼吸，吸氣時同上，呼氣時怒視前方，牙咬緊，雙腳

十趾抓地，提肛，雙拳用力握
一次，並意想雙拳前頂有千斤
之力，勿放鬆。一吸一呼做三
十六次，自然呼吸一次後接練
下式。（圖42）

五、練式五

接上式。雙拳屈肘收回至
胸前，拳心向下，拳面相對，
間距約十五公分，其餘動作和
要求不變。然後進行意念呼
吸，吸氣時要求同上，呼氣時
怒視前方，牙咬緊，雙腳十趾
抓地，提肛，雙拳用力握一
次，並意想雙手外拉有千斤之
力，勿放鬆。一吸一呼做三十
六次，自然呼吸一次後接練下
式。（圖43）

六、練式六

接上式。雙拳、臂外旋，
屈肘展至身體兩側的前面，拳
面向前，拳眼向上。然後進行意念深呼吸，吸氣時要求不
變，呼氣時怒視前方，牙咬緊，雙腳十趾抓地，提肛，雙拳

圖42

圖43

用力握一次，並意想雙拳內收有千斤之力，勿放鬆。一吸一呼做三十六次，自然呼吸一次後接練下式。（圖44）

七、練式七

接上式。雙拳直臂向上舉至頭部上方，拳心向前，拳面向上。然後進行意念呼吸，吸氣時要求不變，呼氣時怒視前方，牙咬緊，雙腳十趾抓地，提肛，雙拳用力握一次，並意想雙手上頂有千斤之力，勿放鬆。一吸一呼做三十六次，自然呼吸一次後接練下式。（圖45）

八、練式八

接上式。屈肘，雙拳、臂外旋，下降至頭部兩側，拳面向上，拳心向內。調整好姿勢後進行意念呼吸，吸氣時要求

圖44

圖45

不變，呼氣時怒視前方，牙咬緊，雙腳十趾抓地，提肛，雙拳用力握一次，並意想雙手下拉有千斤之力，勿放鬆。一吸

一呼做三十六次後全功操練完
畢，雙拳成掌下落貼靠至兩大
腿外側，身體鬆靜站立數分
鐘，活動一下手臂及全身即可
收功。（圖46）

金剛力功也叫千斤力功，
久練會使臂膀有千斤之力。每
天練習不可間斷，百日後可初
見功效，此後繼續練習，時間
越久，功力越深，臂力越大。

圖46

以上介紹了習練硬功的六
種功法。習練好硬功，除了要
按照上述各種功法的具體要求去做外，普遍要注意的事項還
有四點：

1.練功時注意力一定要集中，排除一切干擾。

2.練功期間要禁止性生活。

3.遇有惡劣天氣暫時停練。

4.循序漸進，勿急於求成。

第五章

技 法 功

　　技法功作為迷蹤拳的主要功法，在過去是秘不輕傳的，非入室弟子德、勤、悟等條件具備且具有一定的基礎是不予傳授的。

　　所謂技法功是指與技擊實戰比較接近的功法，透過習練，拳術的力量、速度，身體的靈活性、反應能力等均能得到相應的鍛鍊，實戰能力會有較快的提高。

第一節　打千層紙

　　打千層紙是迷蹤拳中很古老的一種練習功法。

　　【習練方法】：

　　用軟紙訂成寬約二十五公分、長約三十公分，厚度適量（以開始用拳擊打不覺得疼痛為度）的本子，用細繩穿眼掛於牆上，人在紙前站立，成高馬步，用雙拳交叉擊打紙本，開始時用力要輕，擊打速度要慢，逐漸增力、增速。紙打爛了換成新本再打。

　　傳統的說法是，紙是軟中有硬的材料，適合做擊打練習，若打爛了一千層紙，功夫就到家了。其實，擊打紙本的真正意義在於這種方法很簡便，受限制少，隨時隨地可練。而且，用這種方法習練，拳頭擊打的速度和力量以及擊打硬度的能力提高比較快。

　　隨著時間的延長和功夫的增長，紙層漸漸減少，到一定程度時紙張可以去掉，用拳頭直接打牆。長期習練，用拳頭打斷牆、打倒牆也將會成為現實。

第二節　打小掛墊

這也是一種很簡便的功法。用軟布縫成長、寬適度且很薄的小棉墊數層，用細繩穿在一起掛在大樹上，習練者定步或活步用雙拳擊打小棉墊，開始時速度要慢，力量要小，拳頭適應後漸漸加力、加速。

經過一段時間的習練後，小棉墊的數量可以逐漸減少，到一定程度（以雙拳擊打感覺不疼痛為度），去掉小棉墊，用拳頭直接打樹，長期習練，日久功深，用拳頭打斷樹木也是可以做到的。

第三節　打人形沙袋

傳統的製作人形沙袋的方法，是用麻袋布二至三層縫成形狀似人的袋子，內裝細鋸末和沙子，吊在練功場地。擊打方法有三種：

一種是固定步（高馬步或弓步）站在袋前，用拳擊打沙袋，每次可從數十拳開始，擊打數百拳甚至上千拳。這種擊打法主要練習擊拳的速度、力量和擊打硬度的能力。

第二種是活步圍繞沙袋擊打，可採用頭磕、肩靠、肘頂、拳打、胯擊、膝撞、腳踢等法任意擊打，每次可從數分鐘開始，練習到十五分鐘直至半小時。這種習練法，可有效提高全身實戰擊打能力。

第三種是在人形袋上畫明人體要害部位，拳腳直擊要害

部位，並要自我限制擊打速度，限制每秒鐘要擊打多少下。
這是自我強制習練之法。

這樣習練，實打能力可以得到很快的提高。

此外，還有擊打單木人樁和群木人陣兩種功法，因在
《迷蹤拳》第三冊中已作了介紹，這裡不再贅述。

第四節　擊打與攔架

一、練式一

1. 甲、乙雙方均左前式站立。互視對方。（圖1）

2. 乙方用左拳向前直擊甲方臉部，甲方用左前臂向上迎
架乙方左拳、腕。目隨拳行。（圖2）

圖1　　　　　　　　　　　圖2

3.甲方在左拳向上迎架的同時，右拳向前直擊乙方左肋腹部，乙方急用左臂向下、向左攔掛甲方右拳。互視對方。（圖3）

圖3

4.乙方在用左臂向下攔掛甲方右拳的同時，右拳向前直擊甲方臉部，甲方急速用右拳向左、向上迎架乙方右拳。目隨拳行。（圖4）

圖4

5.甲方在用右拳向上迎架乙方右拳的同時，左拳向前直擊乙方右肋、腹部，乙方快速用右手臂向右、向下攔掛甲方左拳。目隨拳行。（圖5）

完成上述雙拳擊打與攔架動作後，乙方左拳再向前直擊甲方臉部，重複上述動作。

如此反覆練習數十遍後，甲、乙雙方均成右前式站立同樣練數十遍。然後，甲、乙雙方交換練習。反覆練習此動作。

圖5

二、練式二

1.甲、乙雙方均左前式站立。互視對方。（圖6）

圖6

2.乙方左拳變掌，掌心向上，向前插擊甲方喉部，甲方右拳成掌向上、向右、向下将纏乙方左掌腕。目隨掌行。（圖7）

圖7

3.乙方右拳變掌，仍掌心向上、向前直插甲方喉部，甲方左拳變掌向上、向左将纏乙方右掌腕。目隨掌行。（圖8）

圖8

4. 甲方在左掌捋纏
的同時，右掌臂外旋，
掌心向上，猛力插擊乙
方喉部，乙方快速用左
掌向上、向左捋纏甲方
右手腕。目隨掌行。
（圖9）

圖9

5. 動作不停。甲方
左掌臂外旋，掌心向
上，向前直插乙方喉
部，乙方右掌向上、向
右捋纏甲方右掌腕。目
隨掌行。（圖10）

乙方再用左掌插擊
甲方喉部，重複以上動
作。反覆練習後甲、乙
雙方均成右前式練習。

圖10

三、練式三

1. 甲、乙雙方均左前式站立。互視對方。（圖11）

圖 11

2. 乙方用左拳向前直擊甲方胸部，甲方用左前臂向下、向右挎攔乙方左拳腕，上身可配合向右擰轉。目隨拳行。（圖12）

圖 12

3. 甲方左前臂挎攔乙方左拳後不停，即用左拳向上、向前反砸乙方頭部，乙方速用右拳向右磕挎攔掛甲方左拳腕。互視對方。（圖13）

圖 13

4. 乙方右拳攔掛甲方左拳後不停，即用右拳向前反砸甲方頭部，甲方速用右拳向左磕挎攔掛乙方右拳腕，上身隨之向左擰轉。目隨拳行。（圖14）

圖 14

5. 甲方用右拳磕挎攔掛乙方右拳後不停，即用右拳向前反砸乙方臉部，乙方急用左拳向右挎攔甲方右拳腕。目隨拳行。（圖 15）

圖 15

6. 乙方左拳攔掛甲方右拳後不停，即向前反砸甲方臉部，甲方速用左拳向右攔磕乙方左拳。目隨拳行。（圖 16）

左前式練習後再進行右前式練習，反覆習練這個動作。甲、乙雙方交換練習。

圖 16

四、練式四

1. 甲、乙雙方均左前式站立。互視對方。（圖 17）

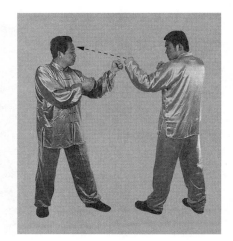

圖 17

2. 乙方左拳臂外旋，用拳背向前反砸甲方臉部。互視對方。（圖 18）

圖 18

3. 甲方用左拳向上、向右、向下磕攔乙方左拳腕，同時，右拳從左臂內向上、向前反砸乙方臉部。目隨拳行。（圖19）

圖19

4. 乙方急用左拳向上、向右、向下攔掛甲方右拳腕，同時，右拳從左臂內向上、向前反砸甲方臉部。目隨拳行。（圖20）

圖20

5.甲方速用右拳向上、向左、向下磕攔乙方右拳腕，同時，左拳從右臂內向上、向前反砸乙方臉部。目隨拳行。（圖21）

圖21

6.乙方速用右拳向上、向左、向下磕攔甲方左拳腕，同時，左拳從右臂內向上、向前反砸甲方臉部。目隨拳行。（圖22）

左前式反覆習練後改右前式習練。甲、乙雙方交換練習。

圖22

五、練式五

1.甲、乙雙方均左前式站立。互視對方。（圖23）

圖 23

2.乙方用左拳向左、向前、向右弧形攢打甲方右耳根部位，甲方用右拳向上、向右攔擋乙方左拳。目隨拳行。（圖24）

圖 24

3. 甲方用右拳攔擋乙方左拳的同時，左拳向左、向前、向右用拳眼攢打乙方右耳根部位，乙方用右拳向右攔擋甲方左拳。目隨拳行。（圖 25）

圖 25

4. 乙方用右拳攔擋甲方左拳後不停，向前、向左攢打甲方左耳根部位，甲方左拳快速向下、向右、向上、向左攔擋乙方右拳。目隨拳行。（圖 26）

圖 26

5. 甲方用左拳攔擋乙方右拳的同時，右拳向右、向前、向左摜打乙方左耳根部位，乙方用左拳向左攔擋甲方右拳。目隨拳行。（圖27）

乙方左拳攔擋甲方右拳後即向前、向右摜打甲方右耳部位，甲方速用右拳攔擋左拳再摜打之。反覆練習這個動作。甲、乙雙方交換練習。

圖27

六、練式六

1. 甲、乙雙方均左前式站立。互視對方。（圖28）

圖28

2. 乙方用右拳向右、向前、向左摜打甲左耳根部位，甲用左拳向左攔擋乙方右拳。目隨拳行。（圖 29）

圖 29

3. 乙方用連環技法，左拳即向左、向前、向右摜打甲方右耳部位，甲方用右拳向右攔擋乙方左拳擊打。目隨拳行。（圖 30）

圖 30

4. 甲方用左拳向
左、向前、向右攢打乙
方右耳部位，乙方用右
拳向右攔擋甲方左拳。
目隨拳行。（圖31）

圖 31

5. 甲方同樣用連環
技法，左拳擊打後，右
拳即向右、向前、向左
攢打乙方左耳部位，乙
方速用左拳向左攔磕甲
方右拳。目隨拳行。
（圖32）

　左、右式反覆練
習。

圖 32

七、練式七

1. 甲、乙雙方均左前式站立。互視對方。（圖33）

圖33

2. 乙方左拳臂外旋，向前、向上擺打甲方下頜部位，拳心向後，甲方右拳變勾手，向上、向左、向下、向右勾掛乙方左拳腕。目視對方。（圖34）

圖34

3. 甲方右手勾掛的同時，左拳臂外旋，用拳面向前、向上擺擊乙方下頜部位，乙方右拳變勾手，向上、向左、向下、向右勾掛甲方左拳腕。目隨拳行。（圖35）

圖 35

4. 乙方右手勾掛後不停，即變拳用拳面向前、向上擺打甲方下頜部位，甲方左拳變勾手速向右、向上、向下、向左勾掛乙方右拳腕。目隨拳行。（圖36）

圖 36

5. 甲方左手勾掛的同時，右勾手變拳，向前、向上擺打乙方下頜部位，乙方左拳變勾手，向右、向上、向下、向左勾掛甲方右拳腕。目隨拳行。（圖37）

圖37

乙方左手勾掛後不停，即變拳向前、向上擺打甲方下頜部位，甲方右手勾掛，左拳再擺打，如此反覆練習，並要交換練習。

八、練式八

1. 甲、乙雙方均左前式站立。互視對方。（圖38）

圖38

2. 乙方左拳臂外旋，向前、向上擺打甲方下頜，甲方右拳變勾手，向上、向左、向右勾掛乙方左拳腕。目隨拳行。（圖39）

圖39

3. 乙方左拳擊出後，右拳臂即外旋，向前、向上擺打甲方下頜，甲方左拳變勾手，向上、向右、向下、向左勾掛乙方右拳腕。目隨拳行。（圖40）

圖40

4. 甲方右勾手變拳，臂外旋，向前、向上擺打乙方下頜部位，乙方左拳變勾手，向上、向右、向下、向左勾掛甲方右拳腕。目隨拳行。（圖41）

圖 41

5. 隨即，甲方左勾手變拳，臂外旋，向前、向上擺打乙方下頜部位，乙方右拳變勾手，向右、向下勾掛甲方左拳腕。目隨拳行。（圖42）

反覆練習這個動作。

圖 42

九、練式九

1.甲、乙雙方均左前式站立，乙方用左拳向前直擊甲方頭部。互視對方。（圖43）

圖43

2. 甲方用左拳向上迎架乙方左拳，同時，右腳向前上步，身體左轉，雙腿屈膝半蹲成馬步，右拳向右猛力擊打乙方肋、腹部位。目隨拳行。（圖44）

圖44

3.乙方左腳後退一步，身體左轉，雙腿屈膝成馬步，同時，用右拳向左攔掛甲方右拳。甲、乙雙方左拳均收抱於左腰間。互視對方。（圖45）

圖45

4.甲方身體右轉，左腳向前上一步，身體繼續右轉，雙腿屈膝成馬步，同時，用左拳向左猛擊乙方肋、腹部位。互視對方。（圖46）

圖46

5.乙方身體右轉，右腳後退一步，身體繼續右轉，雙腿屈膝成馬步，同時，用左拳向右攔掛甲方左拳。互視對方。（圖47）

圖47

6.甲方左拳向前直擊乙方頭部。目隨拳行。（圖48）

圖48

7.乙方用左拳向上迎架甲方左拳，同時，身體左轉，右腳向前上步，身體繼續左轉，雙腿屈膝成馬步，用右拳向右擊打甲方肋腹部位。甲方身體左轉，左腳後退一步，身體繼續左轉，雙腿屈膝成馬步，同時，用右拳向左攔掛乙方右拳。互視對方。（圖49）

圖49

8.乙方身體右轉，左腳向前上一步，身體繼續右轉，雙腿屈膝成馬步，同時，用左拳向左擊打甲方右肋、胸部位。甲方身體右轉，右腳後退一步，身體繼續右轉，雙腿屈膝成馬步，同時，用左拳向右攔掛乙方左拳。目視對方。（圖50）

甲、乙雙方互相進退、攻守，反覆練習這個動作。

圖50

十、練式十

1.甲、乙雙方均左前式站立，雙手成掌，乙方左掌向前直擊甲方臉部。目隨掌行。（圖51）

圖51

2.甲方右掌向上挑架乙方左掌，右腳向前上步落於乙方左腳後側，左掌向前猛立推擊乙方胸部。目隨掌行。（圖52）

圖52

3. 乙方左腳迅速後退一步，閃過甲方右腳，同時，用右掌向上挑架甲方左掌。互視對方。（圖53）

圖53

4. 甲方左掌向左、向下、向右、向上挑架乙方右掌，左腳向前邁一步落於乙方右腳後側，右掌向前猛力推擊乙方胸部。目隨掌行。（圖54）

圖54

5.乙方右腳急速後退一步，閃過甲方左腳，同時，左掌向上迎架甲方右掌。互視對方。（圖55）

圖55

6.乙方右掌向上挑架甲方右掌，同時，右腳向前邁步，落於甲方左腳後側，左掌向下、向前猛推甲方胸部。甲方左掌向上挑架乙方左掌，同時，左腳後退一步，閃過乙方右腳埋根。互視對方。（圖56）

圖56

7. 乙方左掌向左、向下，轉向上挑架甲方左掌，同時，左腳向前邁步，落於甲方右腳後側，右掌向前推擊甲方胸部。甲方右掌向上挑架乙方右掌，右腳後退一步閃過乙方左腳埋根。互視對方。（圖57）

圖 57

甲、乙雙方互相攻守，反覆習練這個動作。

十一、練式十一

1. 甲、乙雙方均左前式站立。互視對方。（圖58）

圖 58

2. 乙方右腳向前邁一步，同時，右拳向右、向前、向左弧形擊打甲方左肋。互視對方。（圖59）

圖59

3. 甲方左腳後退一步，同時，用左拳向左後攔掛乙方右拳，用右拳向右、向前、向左弧形擊打乙方左肋，乙方用左拳向左攔掛甲方右拳。互視對方。（圖60）

圖60

4.乙方左腳向前邁一步,同時,左拳向前圈擊甲方右肋。目隨拳行。(圖61)

圖61

5.甲方右腳向後退一步,同時,用右拳向右後攔掛乙方左拳,用左拳向前圈擊乙方右肋,乙方用右拳攔掛甲方左拳。互視對方。(圖62)

圖62

6. 甲方右腳向前邁一步，同時，用右拳向前圈擊乙方左肋。乙方左腳向後退一步，並用左拳向左後攔掛甲方右拳，用右拳向前圈擊甲方左肋，甲方用左拳向左攔掛乙方右拳。互視對方。（圖63）

圖63

7. 甲方左腳向前邁一步，同時，用左拳向前圈擊乙方右肋，乙方右腳向後退一步，並用右拳向右後攔掛甲方左拳，用左拳向前圈擊甲方右肋，甲方用右拳向右攔掛乙方左拳。互視對方。（圖64）

雙方進退攻防，反覆習練這個動作。

圖64

十二、練式十二

1.甲、乙雙方均左前式站立,乙方用左拳向前直擊甲方頭部,甲方用右拳向上迎架乙方左拳。目隨拳行。(圖65)

圖65

2.乙方連環擊打,右拳即向前直擊甲方頭部,甲方用左拳向上迎架乙方右拳。目隨拳行。(圖66)

圖66

3. 隨即，乙方右腳向前彈踢甲方小腹部，左拳同時向前直擊甲方頭部，甲方左腳後退一步，同時，用左掌向下砸擊乙方右腳面，用右拳向上迎架乙方左拳。互視對方。（圖67）

圖67

4. 乙方右腳落地，右拳向前直擊甲方頭部，甲方用左拳向上迎架乙方右拳。目隨拳行。（圖68）

圖68

5. 乙方右拳向前
直擊甲方頭部，甲方
用左拳向上迎架乙方
右拳。目隨拳行。
（圖69）

圖69

6. 乙方用左腳向
前彈踢甲方小腹部
位，同時，右拳向前
直擊甲方頭部。甲方
右腳向後退一步落
地，右掌同時向下砸
擊乙方腳面，左掌向
上迎架乙方右拳。互
視對方。（圖70）

圖70

7. 甲方左拳向上迎架後不停，即向前直擊乙方頭部，乙方用右拳向上迎架甲方左拳，同時，左腳落地。互視對方。（圖71）

圖 71

8. 甲方用右拳向前直擊乙方頭部，乙方用左拳向上迎架甲方右拳。目隨拳行。（圖72）

圖 72

9. 甲方右腳向前彈踢乙方小腹，左拳同時向前直擊乙方頭部。乙方左腳向後退一步，左拳向下砸擊甲方右腳腳面，右拳向上迎架甲方左拳。互視對方。（圖73）

圖73

10. 甲方右腳落地，右拳向前直擊乙方頭部，乙方用左拳向上迎架甲方右拳。目隨拳行。（圖74）

圖74

11. 甲方左拳向
前直擊乙方頭部，乙
方用右拳向上迎架甲
方左拳。目隨拳行。
（圖75）

圖75

12. 甲方左腳向
前彈踢乙方小腹部
位，同時，右拳向前
直擊乙方頭部，乙方
右腳向後退一步，同
時，右拳向下砸擊甲
方左腳腳面，左拳向
上迎架甲方右拳。互
視對方。（圖76）

圖76

　　雙方反覆練習這個攻防動作。

　　以上介紹了技法功的一些習練方法。這些功法在習練時要有真實感，以假當真。

　　前三種是擊打實物的練習，要把這些「物」當成「敵」，擊拳踢腳都當成是與「敵」搏殺。這樣習練，功效自會提高很快。

　　後一種是雙人習練法，傳統的說法叫「打手」「練手」。習練時，動作由慢到快，用力由小到大，熟練後也要把「練友」當「敵人」，一拳一腳都要真攻實防，絲毫不得馬虎。這就是提高拳藝技法的千古秘傳之妙法。

第六章

輕　靈　功

輕靈功是迷蹤拳主要功法之一，是習練身體輕快靈活的功法。修此功的功深者身輕如燕，活若靈犀，躥跳有度，攻防自如，實戰技藝自然高強。因而，習武者應對此功高度重視，認真操習。

第一節　單腳跳步

一、練式一

左腳站穩，右腳屈膝上提，成左獨立步，雙手自然下垂，貼靠於兩大腿外側。然後，左腳前跳三步，盡量跳高、跳遠。前跳三步後，再沿前跳路線後退跳三步。若左腿力乏，可換右腿跳。雙腿交換反覆練習，力乏為止。（圖1）

二、練式二

左腳站穩，右腳提起，成左獨立步，雙手自然下垂，貼靠於兩大腿外側。左腳單腳向左跳三步後，再沿左跳路線向右回跳三步，高度和遠度要跳到極限。若左

圖1

腿力乏，可換右腿跳。雙腿交換反覆練習，力乏為止。（圖2）

三、練式三

左腳站穩，右腳提起成左獨立步，雙手自然下垂，貼靠於兩大腿外側。左腳向左前方跳一步後，向右前方跳一步，再向左前方跳一步後，向右前方跳一步，前跳四步成兩個左三角。前跳四步後，再沿前跳路線後跳四步，回到起始位置。若左腿力乏，可換右腿跳，右腳可按兩個右三角的路線前後練習。雙腿交換反覆練習，力乏為止。（圖3）

圖2

四、練式四

左腳站穩，右腳提起成左獨立步，雙手自然下垂，貼靠於兩大腿外側。右腳懸空向右

圖3

前方跳一大步，右腳落地時，左腳懸空向左前方跳一大步，左腳落地時，右腳再向右前方跳一大步，左腳再跳一步，共

圖4　　　　　　　　　　圖5

跳四步。然後，沿著跳躍路線再後跳四步，回到起始位置。
雙腿交換反覆練習，力乏為止。（圖4）

第二節　雙腳跳步

一、練式一

　　雙腳併步站立，雙腿屈膝，雙手自然下垂，貼靠於兩大
腿外側，目視前方。雙腳同時向前跳三步，然後，沿前跳路
線再後退跳三步，回到起始位置。反覆前進、後退練習，力
乏為止。（圖5）

圖 6

圖 7

二、練式二

雙腳併步站立，雙腿屈膝，雙手自然下垂，貼靠於兩大腿外側，目視前方。雙腳併立向左橫跳三步，然後，沿左橫跳路線再向右橫跳三步，回到起始位置。也可以先向右橫跳三步，再向左橫跳三步。反覆練習，力乏為止。（圖 6）

三、練式三

雙腳併步站立，雙腿屈膝，雙手自然下垂，貼靠於兩大腿外側，目視前方。雙腳併立，同時向左前方跳步，再向右前方跳步，路線成兩個左三角，然後，再原路跳回到起始位置。反覆練習，力乏為止。（圖 7）

上述單、雙腳前後、左右跳步練習，步子可由小到大，高度可由低到高，速度可由慢到快，達到步步提高的目的。

第三節　跳　坑

一、練式一

挖深約一尺、直徑大小以習練者上下跳自如、不受妨礙為度的土坑一個。每天清晨和晚上，習練者上下跳幾十次甚至上百次，力乏為止。再過五六天往下挖約一寸，以習練者能自如上跳為度，仍天天跳練。此後，每經過五六天下挖約一寸，照此習練，不可間斷，直到練至坑深一丈時習練者上跳自如則功成（大約需要一年半到兩年半的時間）。功成後仍要不斷練習，鞏固和加深練習功效。

二、練式二

此練法可從平地上跳練起。雙腳併步，身體直立，雙手自然下垂，落於兩大腿外側，雙腿直立，膝部伸直，直腿上跳。初跳很吃力，且只能跳一二寸高。每天清晨和晚上練習，不可間斷，大約練習兩個月後，下挖一寸深坑一個，從坑中照樣直腿上跳，跳得自如不費力時（大約兩個月的時間），再下挖一寸，如此久練，直至從一尺深坑中直腿輕快跳上地面，則告功成。

傳統的說法，直腿跳一寸，則屈腿可跳一尺。這種練習

方法就是根據這個道理進行的。

一、練式一

　　將磚塊（可擺放數十塊）平放在習練場地上，前後、左右各間距八十公分，每天清晨從磚上跑跳，可前後跑、左右跑、轉圈跑等，方法靈活多樣。經過一段時間的習練，跑平放磚輕鬆自如後，接練下式。（圖8）

二、練式二

　　將磚塊（可擺放數十塊）立放在習練場地上（窄長面著地），前後、左右各間距八十公分，每天清晨從磚上跑跳，可前後跑、左右跑、轉圈跑等，方法靈活多樣。經過一段時

圖8

圖 9

間的習練，跑立磚熟練、穩固、自如後，接練下式。（圖
9）

三、練式三

將數十塊磚豎放在習練場地上，前後、左右各間距八十
公分，每天清晨從立磚上跑跳，由慢到快，步步提高，練至
跑立磚如跑平地，任意跑跳，輕鬆自如後，則告功成。（圖
10）

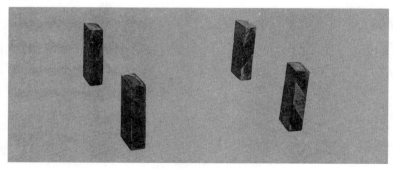

圖 10

第五節　跑　樁

用二十五根木樁，按八卦方位埋成木樁陣，從樁上行跑、練拳。開始習練時，木樁要適當粗些，並成矮樁，約一尺高。每天清晨從樁上行跑練習，行跑練習熟悉自如後，從樁上進行打拳練習。在矮樁上練拳自如後此功初見成效。接下來的練習，樁高一公尺，樁身較初

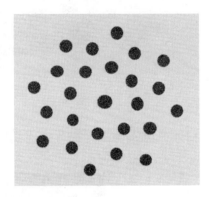

圖 11

練時稍細些，在這些樁上行跑、打拳。習練熟練自如後，換成二公尺高樁，頂部直徑約十公分粗，以同樣的方法在樁上操習。若能行跑、練拳如履平地則告功成。（圖 11）

第六節　跑笸籮

準備直徑約一米五的圓形笸籮一只，裡面裝滿泥土或沙土。在笸籮口邊檐兒上練習行走、跑步。初練時可慢步行走，隨著行走的熟練逐步加速。跑步輕快自如後，從笸籮裡往外抓扔泥土或沙土，每過幾天抓扔一把，到最後將笸籮裡的泥土或沙土抓空，習練者仍能在空著的笸籮檐兒口上行跑

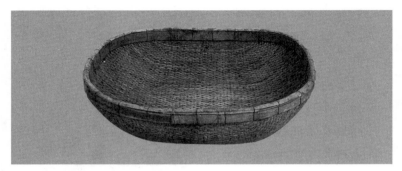

圖 12

自如且笸籮穩固不動，則告功成。（圖 12）

第七節　扔接沙袋

一、練式一

圖 13

縫小方布口袋一只，內裝綠豆。身體直立，雙腳開立，與肩同寬。右手握小沙袋向前上方扔出，下落時左手抓住後同樣上扔，右手再接抓，反覆扔接練習。也可採用右手扔右手接、左手扔左手接的方法練習。目隨沙袋。（圖 13）

圖 14　　　　　　　　　　圖 15

二、練式二

　　身體成高馬步站立。右手握沙袋從身後向左上方扔出，左手快速接抓沙袋，然後，左手從身後向右上方扔出，右手快速接抓。目隨手行。反覆練習，力乏為止。（圖14、圖15）

三、練式三

　　1.雙腳開立，與肩同寬，身體直立。右手握小沙袋向前方扔出後，右手隨即向前快速抓住沙袋，右腳同時向前邁一步。左手扔接亦同。雙手反覆練習，力乏為止。（圖16）

　　2.雙腳開立，與肩同寬，身體直立。右手握沙袋向前扔出後，左手快速向前抓住沙袋，左腳同時向前上一步。左手扔接亦同。目隨手行。（圖17）

圖 16　　　　　　　　圖 17

四、練式四

1.甲、乙雙方面對站立，間距約二米半。甲方右手握沙袋向乙方扔去，乙方用右手接抓甲方扔來的沙袋。乙方再把沙袋向甲方扔去，甲方接抓乙方扔來的沙袋。左右手交換反覆練習。速度要從慢到快，用力從小到大。目隨沙袋。（圖18）

2.甲、乙雙方面對站立，間距約二米半，二人各握沙袋一個（右手），同時向對方扔去，又同時用左手抓接對方扔來的沙袋。左右手交換，反覆練習。目隨沙袋。（圖19）

沙袋可逐漸加重，扔接速度逐漸加快。習練此功，既可鍛鍊身體的靈活性、頭腦的反應能力，又可以練習手指的抓力，集練輕靈與力量於一體，習練者不可輕視。

圖 18

圖 19

第八節 擊打與躲閃

一、練式一

1. 甲、乙雙方均左前式站立，乙方用左拳向前直擊甲方頭部。目隨拳行。（圖20）

2. 甲方頭部急向左躲閃乙方左拳的擊打，同時，用左拳向前直擊乙方的頭部。目隨拳行。（圖21）

3. 乙方急向左閃頭躲甲方的拳擊。目隨拳行。（圖22）

圖20

圖21

圖22

　　甲、乙雙方交換動作，反覆練習。

　　右前式站立亦同。

圖 23

二、練式二

　　1. 甲、乙雙方均左前式站立。互視對方。（圖23）

　　2. 乙方用左拳向前直擊甲方頭部，甲方頭部急向左躲閃乙方左拳的擊打。互視對方。（圖24）

　　3. 乙方用連環技法，左拳擊出之後，右拳接著向前直擊甲方頭部，甲方向左躲閃後迅速向右躲閃，躲過乙方右拳的擊打。互視對方。（圖25）

圖 24

圖 25

圖 26　　　　　　　　　圖 27

4. 甲方頭部向右躲閃的同時，用右拳向前直擊乙方頭部，乙方頭部向右躲閃甲方右拳的擊打。互視對方。（圖26）

5. 甲方同樣用連環技法，右拳擊打後，左拳即向前直擊乙方頭部，乙方頭部迅速向左躲閃甲方左拳的擊打。互視對方。（圖27）

甲、乙雙方反覆練習擊閃動作。

右前式站立亦同。

三、練式三

1. 甲、乙雙方均成左前式站立，乙方用左拳向前直擊甲方頭部。互視對方。（圖28）

2. 甲方頭部後仰躲閃的同時，提左腿，用左腳向前彈踢

乙方的小腹部位。互視
對方。（圖 29）

3.乙方迅速後滑步
縮身躲閃甲方左腳的彈
踢，同時，用右手撈抓
甲方左腳腳腕，欲掀腿
摔甲方。互視對方。
（圖 30）

圖 28

圖 29　　　　　　　圖 30

4.甲方左腳彈踢落空後，快速落地成左前式，以備再戰。互視對方。（圖31）

甲、乙雙方交換動作，反覆練習。

圖 31

四、練式四

1.甲、乙雙方均成左前式站立，乙方用左拳向前直擊甲方頭部。互視對方。（圖32）

圖 32

2.甲方低頭躲閃乙方左拳的擊打，同時，左腳向右前方上步，並用左拳擊打乙方左胸、肋部位。互視對方。（圖33）

圖33

3.乙方左腳迅速後退步，躲閃甲方左拳的擊打，同時，右拳向前直擊甲方左肋部位。互視對方。（圖34）

圖34

4. 甲方左腳迅速後退步成右前式站立以備再戰。互視對方。（圖35）

反覆練習這個動作。

右前式站立亦同。

圖 35

五、練式五

1. 甲、乙雙方均成左前式站立。乙方用左拳向前直擊甲方頭部。互視對方。（圖36）

圖 36

2.甲方頭部
後仰躲閃乙方左
拳的擊打，同
時，身體右後
轉，用右腳向後
撩踢乙方襠部。
（圖 37）

圖 37

3.乙方快速
後滑步縮身躲閃
甲方的撩踢，同
時，用右手撈抓
甲方右腳腳腕，
欲使甲方向前趴
在地上。（圖
38）

圖 38

4.甲方身體迅
速右轉，右腳後抽
落地，成右前式，
以備再戰。互視對
方。（圖39）

反覆練習這個
動作。

右前式站立亦
同。

圖39

六、練式六

1.甲、乙雙方
均成左前式站立，
乙方用左拳向前直
擊甲方頭部。目隨
拳行。（圖40）

圖40

2.甲方頭部向右躲閃，右腳向右前方上一步，用左腳向前彈踢乙方襠部。互視對方。（圖41）

圖 41

3.乙方左腳急速後退一步，閃過甲方左腳的彈踢，同時，用右拳撩打甲方左腿大腿部位，欲使甲方倒地。目隨拳行。（圖42）

圖 42

4.甲方左腳迅速後退落地，身體成右前式站立以備再戰。互視對方。（圖43）

反覆練習這個動作。

右前式站立亦同。

圖43

七、練式七

1.甲方成右前式站立，乙方成左前式站立，乙方用左拳向前直擊甲方頭部。互視對方。（圖44）

圖44

2. 甲方頭部左後閃，同時，身體向左後轉，左腳向前上步，用左拳掃打乙方頭部。目隨拳行。（圖45）

圖45

3. 乙方左腳迅速後退步，頭部下低躲閃甲方左拳的擊打，並用右拳向前擊打甲方左肋、胸部位。互視對方。（圖46）

圖46

4. 甲方左腳迅速後退躲閃乙方右拳的擊打，並成右前式站立以備再戰。互視對方。（圖 47）

反覆交換練習這個動作。

圖 47

八、練式八

1. 甲、乙雙方均左前式站立。互視對方。（圖 48）

圖 48

2.乙方身體右轉，右腳站穩，左腳向左側踹擊甲方小腹部位。互視對方。（圖49）

圖 49

3.甲方左腳向右邁步，躲閃乙方的側踢，身體左轉，提右腿用右腳踹擊乙方右腿大腿部位。互視對方。（圖50）

圖 50

4. 乙方左腳迅速向後落地，身體右後轉，提右腿躲閃甲方左腳踹擊的同時，用右腳踹擊甲方小腹部位。互視對方。（圖51）

圖51

5. 甲方右腳向後、向左落地，躲閃乙方右腳的側踹，同時，身體右轉，提左腿用左腳踹擊乙方左腿大腿部位。互視對方。（圖52）

圖52

6.乙方身體迅速右轉，右腳向後落步，左腳後滑步，躲閃甲方的踹擊，並成左前式以備再戰。互視對方。（圖53）

圖53

九、練式九

1.甲、乙雙方均左前式站立，乙方用左拳向前直擊甲方頭部，甲方頭部後仰躲閃。互視對方。（圖54）

圖54

2.乙方用連環技法，左拳擊打後，右腳從身後向前猛踢甲方小腹部位，甲方左腳後退一步躲閃乙方的彈踢。互視對方。（圖55）

圖55

3.乙方右腳落地，左腳從身後向前彈踢甲方小腹部位，甲方右腳後退步躲閃乙方的彈踢。互視對方。（圖56）

圖56

4.甲方迅速用左拳向前直擊乙方頭部，乙方頭部後仰躲閃。互視對方。（圖57）

圖57

5.甲方同樣用連環技法，左拳擊空後，右腳從身後向前彈踢乙方小腹部位，乙方左腳迅速後退一步躲閃甲方的彈踢。互視對方。（圖58）

圖58

6. 甲方右腳落地，左腳從身後向前彈踢乙方小腹部位，乙方右腳迅速後退一步躲閃。互視對方。（圖59）

反覆練習這個動作。

圖59

十、練式十

1. 甲、乙雙方均左前式站立。乙方用右腳向前橫腳搓踹甲方左小腿迎面骨部位，腳尖朝右，甲方左腳迅速後退一步躲閃乙方的搓踹。互視對方。（圖60）

圖60

2. 乙方右腳落地，左腳從身後向前橫腳搓踹甲方右小腿的迎面骨部位，腳尖向左，甲方右腳迅速後退一步躲閃。互視對方。（圖61）

圖61

3. 甲方右腳後退，動作不停，向前橫腳搓踹乙方左小腿迎面骨部位，乙方左腳後退一步躲閃。互視對方。（圖62）

圖62

4. 甲方右腳落地，左腳即向前橫腳搓踹乙方右小腿迎面骨部位，乙方右腳後退一步躲閃。互視對方。（圖 63）

雙方反覆習練進退、攻閃動作。

圖 63

十一、練式十一

1. 甲、乙雙方均左前式站立，乙方身體左轉，用右腳向右側踹擊甲方小腹部位，甲方左腳後退一步躲閃乙方側踹。互視對方。（圖 64）

圖 64

2. 乙方右腳落地，身體右轉，用左腳向左側踹甲方小腹部位，甲方右腳後退一步躲閃乙方的側踹。互視對方。（圖65）

圖65

3. 甲方右腳後退，動作不停，向前側踹乙方小腹部位，身體同時左轉，乙方左腳後退一步躲閃甲方側踹。互視對方。（圖66）

圖66

4.甲方右腳落
地，身體右轉，用
左腳側踹乙方小腹
部位，乙方右腳後
退一步躲閃。互視
對方。（圖67）

雙方反覆習練
進退、攻閃動作。

圖67

十二、練式十二

1.甲、乙雙方
均左前式站立，乙
方用右腳向前、向
左勾踢甲方小腿部
位，甲方左腳後退
躲閃。互視對方。
（圖68）

圖68

2.動作不停。
乙方右腳落地，用
左腳向前勾踢甲方
右小腿，甲方右腳
後退躲閃。互視對
方。（圖69）

圖69

3.甲方右腳後
退，動作不停，向
前、向左勾踢乙方
左小腿，乙方左腳
後退步躲閃。互視
對方。（圖70）

圖70

4.動作不停。甲方右腳落地，左腳向前勾踢乙方右小腿，乙方右腳後退躲閃。互視對方。（圖71）

雙方反覆習練進退、攻閃動作。

圖71

十三、練式十三

1.甲、乙雙方均左前式站立，乙方右腳向前上步，同時，用右拳向前、向左橫擊甲方左耳部位，甲方左腳後退步躲閃。互視對方。（圖72）

圖72

2.乙方緊接左
腳向前上步，用左
拳向前、向右橫打
甲方右耳部位，甲
方右腳後退步閃
之。目隨拳行。
（圖73）

圖73

3.甲方右腳向
前上步，同時，用
右拳向前、向左橫
打乙方左耳部位，
乙方左腳後退步躲
閃。目隨拳行。
（圖74）

圖74

4.動作不停。甲方左腳向前上步，並用左拳向前、向左橫打乙方右耳部位，乙方右腳後退躲閃。互視對方。（圖75）

雙方反覆習練進退、攻閃動作，力乏為止。

圖75

十四、練式十四

1.甲、乙雙方均左前式站立，乙方右腳向前上步，並用右拳向前、向上擺擊甲方下頜，甲方左腳後退步躲閃乙方的擊打。互視對方。（圖76）

圖76

2.動作不停。乙方左腳向前上步，同時，用左拳向前、向上擺擊甲方下頜，甲方右腳後退躲閃乙方的擊打。互視對方。（圖77）

圖77

3.甲方右腳退後，動作不停，向前上步，並用右拳向前、向上擺打乙方下頜，乙方左腳後退躲閃甲方右拳的擊打。互視對方。（圖78）

圖78

4. 甲方左腳快速上步，用左拳向前、向上擢打乙方下頜部位，乙方右腳後退躲閃。互視對方。（圖79）

雙方反覆習練進退、攻閃動作。

輕靈功的習練，要循序漸進，不可急躁、貪功蠻練。要有恆心和毅力，不可斷續。要勤動腦，領悟掌握提高功效的巧妙之法。兩人的攻閃練習，旨在鍛鍊身法的輕靈敏捷，習練中還可把躲閃與防攻結合，全面提高實戰技藝水準。

圖 79

第七章

練 力 功

　　勁力是拳術的基礎，是克敵制勝的根本。練力功就是習練拳術力量的一些方法，透過這些功法的練習，拳術勁力會迅速增長，實戰能力會明顯提高。

第一節　揉　球

一、練式一

　　1.雙腳開立，與肩同寬，身體直立，膝部微屈，雙手平抱球至身前。目視前方。（圖1）

　　2.雙手抱球，向身體左前方揉動，左手偏高，右手偏低。目隨球行。（圖2）

圖1　　　　　　　　　　　　　圖2

圖3　　　　　　　　　　圖4

3.雙手抱球，由身體左前方經身前向身右前方揉動，左手由偏高變為偏低，右手由偏低變為偏高。目隨球行。（圖3）

雙手抱球，一左一右反覆揉動練習，力乏為止。

二、練式二

1.雙腳開立，與肩同寬，雙腿微屈膝，身體直立，頭頂項豎，雙手平抱球至身前。目視前方。（圖4）

2.雙手抱球，左手向下、右手向上揉動，左手掌心向上托球，右手掌心向下按球。目隨球動。（圖5）

3.雙手抱球，左手向左、向上，右手向右、向下揉動，右手掌心變為向上托球，左手掌心向下按球。目隨球動。（圖6）

圖5　　　　　　　　　圖6

雙手抱球，一下一上反覆揉動練習，力乏為止。

三、練式三

1. 雙腳開立，與肩同
寬，雙腿微屈膝，身體直
立。雙手抱球，平放至身
前。目視前方。（圖7）

2. 雙手抱球，左手向
下、向前、向上，右手向
上、向後、向下揉動，左手
手指向上，掌心向後，右手
手指向上，手心向前。目隨
球動。（圖8）

圖7

圖8　　　　　　　　　　　圖9

3. 動作不停。左手向上、向後、向下，右手向下、向前、向上抱球揉動，左手掌心向前，右手掌心向後。目隨球動。（圖9）

雙手一前一後交替，反覆練習，力乏為止。

四、練式四

1. 雙腳開立，與肩同寬，雙腿微屈膝，身體直立，雙手平抱球至身前。目視前方。（圖10）

2. 雙手抱球，左手緩慢向上，右手緩慢向下、向左

圖10

圖 11

圖 12

揉動，上身同時緩慢左轉。
上身轉至向左時，球揉動至
胸前，左手在上，手心向
下，右手在下，手心向上。
目隨球動。（圖 11）

　3.左手向下、右手向上
抱球，向右揉動，上身同時
右轉。上身轉至向前時，雙
手平抱球至身前。目隨球
動。（圖 12）

　4.動作不停。雙手抱
球，與上身同時向右揉轉。

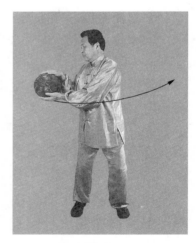

圖 13

上身轉至向右時，球揉動至胸前，右手在上，手心向下，左
手在下，手心向上。目隨球動。（圖 13）

圖 14　　　　　　　　　圖 15

左右轉動，反覆習練。

五、練式五

1.雙腳開立，與肩同寬，雙腿微屈膝，身體直立，雙手平抱球至身前。目視前方。（圖14）

2.右腳向前邁一步。同時，雙手抱球，向左揉動至身體左前方，左手在上，手心向下，右手在下，手心向上。目隨球動。（圖15）

3.動作不停。左腳向前上一步，雙手抱球，同時向右揉動至身體右前方，左手在下，手心向上，右手在上，手心向下。目隨球動。（圖16）

4.左腳向後退一步，雙手抱球，同時向左揉動至身體左前方，左手在上，手心向下，右手在下，手心向上。目隨球

圖 16

圖 17

動。（圖 17）

　　5.右腳向後退一步，雙手抱球，同時向右揉動至身體右前方，左手在下，右手在上。目隨球動。（圖 18）

　　前進後退反覆習練。

　　亦可前進、後退多走幾步練習。

　　揉球習練，旨在鍛鍊內力。球可用木頭、石頭、鐵等材料製作，重量可從幾斤開始，逐漸增加到數十斤甚至上百斤。習練時動作要緩慢，球動身動，身球一體，習練全身整體之力。

圖 18

第二節 擰 棍

一、練式一

1.準備長短粗細適當的圓木棍一根,棍中間穿一小孔,孔中穿一根結實細繩,繩上頭繫牢,下頭繫牢紅磚兩塊(重量相同的其他物品亦可),繩長約一米半。習練者身體直立,雙腳開立,與肩同寬,雙臂向前直臂平伸,雙手掌心向下握圓棍兩端。目視前方。(圖19)

2.雙手握木棍,向下、向內擰捲轉動,使細繩在圓棍上向上捲纏,拉動墜地紅磚上提,至木棍為止。(圖20)

圖19

圖20

圖 21　　　　　　　　　　圖 22

3.磚上提頂後，雙手握木棍，向下、向外擰捲轉動，使細繩在棍上向下緩慢拉放，磚緩慢下墜，至著地止。目隨棍行。（圖21）

上下捲提拉放，反覆習練。

開始習練繩纏紅磚兩塊（約5公斤），重量可逐漸加重，此法習練極易疲乏，要有恆心和耐力，堅持習練不斷。

二、練式二

1.準備手抓握合適的小圓木棍一根，左右手各抓握一端橫平至身前。左手前擰，右手後擰。擰數次後，換左手用力後擰，右手用力前擰。如此反覆用力擰棍練習。（圖22）

2.雙手抓握小圓木棍兩端豎至身前，左手在下，掌心向

圖 23　　　　　　　　　　　　圖 24

右，右手在上，掌心向左。然後，左手用力向右擰，右手用力向左擰，擰數次後，雙手再各向相反方向用力擰轉。反覆擰棍練習。（圖 23）

三、練習三

1.準備約半米長小圓木棍一根，甲、乙雙方各用右手握棍一端平放至身前，掌心向下。雙方右手握棍同時用力向前擰，力乏放鬆後再擰，擰數次後再各向後擰。左右手交換反覆練習。（圖 24）

2.甲、乙雙方握棍豎於身前，甲方右手握上端，乙方右手握下端，手心向左。甲方用力向左擰，乙方用力向右擰，力乏放鬆後再擰，擰數次後雙方再各向相反方向擰。左右手交換反覆練習。（圖 25）

圖 25　　　　　　　　　圖 26

此功法，主練手掌抓摔之力，久練抓摔力將大增，常人手臂輕輕抓摔可斷。因此，功深者慎用之。

第三節　纏　壁

一、練式一

1.甲、乙雙方均右前式站立，右腳內側相併，甲方右前臂屈肘平放於身前，乙方右手向前抓握住甲方右手手腕，雙方左手均自然下落至身體左側。互視對方。（圖 26）

2.甲方用身體帶動，右掌先臂內旋、後臂外旋向右後方接帶滾纏乙方右手手腕，上身隨之微微右轉。乙方右手臂後

拉抗衡著甲方拉帶緩
慢前行至手臂伸直、
手指被迫鬆開抓甲方
右腕止。目隨掌行。
（圖27）

圖27

3.乙方同樣用身
體帶動，右掌先臂內
旋、後臂外旋向右後
方拉帶滾纏甲方右手
手腕，上身隨之向右
游動。甲方右手臂後
拉抗衡著乙方拉帶緩
慢前行至手臂伸直、
手指被迫鬆開抓乙方
右手手腕止。目隨掌
行。（圖28）

反覆纏抓練習。
左掌、臂亦同。

圖28

二、練式二

1. 甲、乙雙方均右前式站立，右腳內側相併接。甲方右前臂屈肘平放身前，手心向下。乙方右手向前抓住甲方右前臂，手心向下。雙方左手均自然下落身體左側。互視對方。（圖29）

圖29

2. 甲方右掌向右、向前滾推纏抓乙方右前臂，乙方右前臂向右、向前抗擊著緩慢後行，掌指被迫放開抓甲方右前臂。雙方上身均隨臂行游動。目隨掌行。（圖30）

3. 乙方右掌同樣向右、向前滾推纏抓甲方右前臂。甲方右前臂抗擊著緩慢後

圖30

圖 31　　　　　　　　　　圖 32

行，掌指被迫放開抓乙方右前臂。上身隨臂游動。目隨臂行。（圖31）

反覆纏抓練習。

左掌、臂亦同。

一、練式一

1. 甲、乙雙方均左前式站立。甲方右手屈肘放至身前，手心向下，左手屈肘放至左胸前。乙方右手向前抓住甲方右手手腕，左手放至左胸前。互視對方。（圖32）

2.甲方右手右翻腕抓住乙方右手手腕，同時，用力向後方捋拽，並用左手推住乙方右肘尖，上身隨之右轉，使乙方右臂直接前伸，上身並隨之前俯。互視對方。（圖33）

圖33

3.乙方再用右手向右翻腕抓住甲方右手手腕，同時，用力向右後方捋拽，上身隨之後轉，並用左手推住甲方右肘，使甲方右臂伸直前行，上身並隨之前俯。互視對方。（圖34）

雙方反覆捋拽習練。

右前式左掌捋拽亦同。

圖34

二、練式二

1.甲、乙雙方均右弓步面對站立，右手於身前相握，左手自然下落至身體左側。互視對方。（圖35）

圖 35

2.甲方用力握住乙方右手，同時，用力向身體右後方拉拽。乙方右手後拉抗衡著緩慢前行，至右臂被拉直前伸、上身前俯止。互視對方。（圖36）

圖 36

3.乙方右手用力握住甲方右手，同時，用力向身體右後方拉拽。甲方右手同樣後拉抗衡著緩慢前行，至右臂被拉直前伸、上身前俯止。互視對方。（圖37）

反覆拉拽習練。

左弓步左手拉拽亦同。

圖37

三、練式三

1.甲、乙雙方均右前式面對站立，右手於身前互相攬握，左手自然下落至身體左側。互視對方。（圖38）

2.甲方用力攬住乙方手掌，同時，向身體左後方

圖38

拉拽，乙方右臂後拉抗衡著緩慢前行，至右臂被拽直前伸、上身前俯止。互視對方。（圖39）

3.乙方手臂被拉直後，用力攥住甲方手掌，同時，向身體左後方拉拽，甲方右臂後拉抗衡著前行，至右臂前伸被拉直、上身前俯止。互視對方。（圖40）

反覆拉拽習練。

左手亦同。

以上兩種功法主要練習拳術力量中不可缺少的捋纏之力，也是習練擒拿術的必備之力。

圖39

圖40

第五節　推　掌

一、練式一

1.甲、乙雙方均左前式站立，左腳左前部相接。甲方雙掌屈肘、屈腕直立胸前，掌心向前，掌指向上。乙方雙掌屈腕向前推住甲方雙掌，左掌推右掌，右掌推左掌。互視對方。（圖41）

圖41

2.甲方雙掌用力前推乙方手掌，雙臂緩慢推直，左腿屈膝，右腿伸直。乙方雙掌抗衡著緩慢後移至胸前，上身並隨之後移。互視對方。（圖42）

圖42

3.乙方雙掌用力向前推甲方雙掌，臂緩慢推直，上身隨之前移，左腿屈膝，右腿蹬直。甲方雙掌抗衡著緩慢後移至胸前，上身並隨之後移。互視對方。（圖43）

反覆互推練習。

右前式亦同。

圖43

二、練式二

1.甲、乙雙方均左前式站立，左腳內側相併接。甲方雙掌屈腕成立掌，向前推靠至乙方胸前。乙方雙掌屈肘放至腹前。互視對方。（圖44）

圖44

2.甲方雙掌用力向前推乙方胸部，左腿屈膝，右腿伸直。乙方胸部抗衡著上身緩慢後移，至極限止。互視對方。（圖45）

圖45

3.乙方雙掌向上從甲方雙臂裡向前推甲方胸部，上身前移，左腿屈膝，右腿蹬直。甲方胸部抗衡著乙方雙掌，上身緩慢後移至極限，雙掌同時後移至胸前。互視對方。（圖46）

甲方雙掌從乙方雙臂間插入向前再推乙方胸部，反覆推掌習練。

右前式亦同。

圖46

第六節　橫　挎

一、練式一

1. 甲、乙雙方均右前式站立，右前臂向前內側相靠，右手握拳，左手自然下落至身體左側。互視對方。（圖47）

圖47

2. 甲方用全身推動，右前臂用力向左挎靠乙方右前臂。乙方右前臂抗衡著緩慢右移，至甲方左前方 45°止。目隨臂行。（圖48）

圖48

3.乙方再用全身推動，右前臂用力向左挎靠甲方右前臂。甲方右前臂抗衡著緩慢向右移動，至右前方 45°止。目隨臂行。（圖49）

反覆挎靠練習。

左前式亦同。

圖49

二、練式二

1.甲、乙雙方均右前式站立，右前臂伸於身前，外側相靠，右手握拳，左手自然下落至身體左側。互視對方。（圖50）

圖50

2. 甲方集全身之力，右前臂用力向右挎靠乙方右前臂。乙方右前臂抗衡著向左緩慢移動，至甲方右前方 45°止。目隨臂行。（圖 51）

圖 51

3. 乙同樣集全身之力，右前臂用力向右挎靠甲方右前臂。甲方右前臂抗衡著向左緩慢移動，至左前方 45°止。目隨臂行。（圖 52）

反覆挎靠習練。然後成左前式站立，換左臂做。

圖 52

圖 53　　　　　　　　圖 54

三、練式三

1. 甲、乙雙方均左前式站立，左腳內側相併接。甲方雙手握拳前伸至身前，肘微屈，兩拳心相對，拳眼向上。乙方雙手握拳前伸，左前臂內側靠接甲方右前臂外側，右前臂內側靠接甲方左前臂外側。互視對方。（圖 53）

2. 甲方雙前臂同時用力向左右開挎乙方雙前臂，乙方雙前臂抗衡著緩慢向左右移動，至左右前方各 45°止。互視對方。（圖 54）

3. 乙方雙前臂同時向內用力合挎甲方雙前臂，甲方雙前臂抗衡著緩慢向內移動，至身前原位置止。互視對方。（圖 55）

雙方反覆並交換開合習練。

圖 55　　　　　　　　圖 56

右前式亦同。

本功法主要練習橫挎、開合之力。

第七節　挑　壓

一、練式一

1.甲、乙雙方均右前式站立，右腳內側相併接。甲方右手握拳伸於腹前，肘微屈，拳眼向上，拳心向左。乙方右手握拳前伸，前臂放壓甲方右前臂之上，拳心向上。雙方左手均自然下落於身體左側。互視對方。（圖56）

圖57　　　　　　　　　　　圖58

2.甲方右前臂用力上挑乙方右前臂，乙方右前臂抗衡著緩慢上抬，至頭前上方止。目隨臂行。（圖57）

3.乙方右前臂用力下壓甲方右前臂，甲方右前臂抗衡著緩慢下落，至腹前起始位置止。互視對方。（圖58）

雙方交換反覆習練。

左臂亦同。

二、練式二

1.甲、乙雙方均右前式站立，右腳內側相併接。甲方右前臂屈肘平放於腹前，握拳，拳心向下，拳面向左。乙方右前臂放至甲方前臂之上，手心向下。左手均自然下落於身體左側。互視對方。（圖59）

2.甲方右前臂向前、向上揉滾上抬，乙方右前臂抗衡著

圖 59

圖 60

緩慢上行，至頭前上方止。目隨臂行。（圖 60）

3.乙方右前臂用力下壓甲方右前臂，甲方右前臂抗衡著緩慢下落，至腹前起始位置上。互視對方。（圖 61）

雙方交換反覆習練。

左臂亦同。

三、練式三

圖 61

1.甲、乙雙方均左前式站立，左腳內側相併接。甲方雙手握拳，雙前臂屈肘平放腹前，拳心相對，拳眼向上。乙方

圖 62

圖 63

雙前臂放於甲方雙前臂之
上，左前臂放於右前臂上，
右前臂放於左前臂上，拳眼
向上。互視對方。（圖62）

2. 甲方雙前臂用力上
挑，乙方雙前臂抗衡著緩慢
上抬，至頭前上方止。目隨
臂行。（圖63）

3. 乙方雙前臂用力下壓
甲方雙前臂，甲方雙前臂抗
衡著緩慢下落，至腹前起始
位置上。互視對方。（圖64）

雙方交換反覆習練。

右前式亦同。

圖 64

圖 65　　　　　　　圖 66

四、練式四

1.甲、乙雙方均左前式站立，左腳內側相併接。甲方雙手握拳，雙前臂屈肘平放於身前，拳面相對，拳心向下，拳眼均向內。乙方雙前臂放至甲方雙前臂上，握拳，拳心均向下，拳眼相對。互視對方。（圖65）

2.甲方雙前臂向前、向上揉滾上架乙方雙前臂，乙方雙前臂抗衡著緩慢上抬，至頭前上方止。目隨臂行。（圖66）

3.乙方雙前臂用力下壓甲方雙前臂，甲方雙前臂抗衡著向前、向下滾落，至身前起始位置止。互視對方。（圖67）

交換反覆抬壓習練。

圖 67

右前式亦同。

本功法主要練習上下挑壓之力。

本章介紹了練習拳術勁力的幾種功法。在練習中，不可間斷，並逐步加大練習強度。兩人的纏臂、捋拽、推掌、挑壓練習，身體要輕靈柔活，雙腿要虛實變換，一動全身皆動，習練全身柔活整體之力。

第八章

點 穴 功

　　點穴是迷蹤拳中的上乘功夫，自古以來授習者不多，功成者則更少。點穴功的修練，武德為首，心意為先，內力為本，指力必備，還要對人體周身骨節、經絡、穴位熟悉精通。

第一節　穴位介紹

　　人的全身有骨節三百六十節，有十二正經、八奇經，有穴位二百個。在這些穴位之中，有三十六個致命要穴，被人點擊會絕氣身亡。習武者對這三十六穴不可不知，習練點穴功者更應必知、詳知。

一、百會穴

　　此穴又叫崑崙頂，位於人的頭頂正中。此穴是督脈與手腳三陰經相會之處，也是人體百脈會聚之處。此穴被點擊，輕者頭腫、頭昏，重者即刻斃命。（圖1）

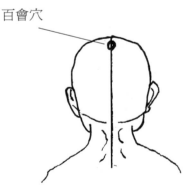

百會穴

圖1

二、心經穴

此穴位於額頭正中，屬於心經主穴。心主血不可損，被擊損如遇風會發腫，三日即斃命。不遇風則可免於一死。

三、印堂穴

此穴又叫眉心穴，位於雙眉之間。此穴通腦髓，如用拳指點擊，重則頭腫三日斃命，輕則可免於一死。（圖2）

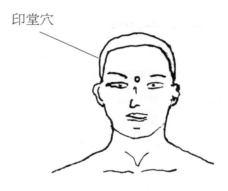

印堂穴

圖2

四、腦戶穴

此穴位屬督脈，位於腦後，又叫枕骨，通管十二經，為一身之主，是陽氣上升入泥丸之門。本穴被點擊後，重者一日斃命，輕者五至七日斃命。（圖3）

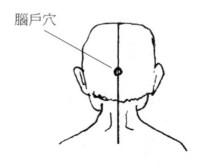

腦戶穴

圖3

五、藏血穴

　　此穴位於腦後兩邊，雙耳根後，屬太陽經。被拳指點擊傷者，損血浮氣，重者十日斃命，輕者雙目失明，遇風發腫，四十日斃命。

六、太陽穴

　　此穴位於額頭兩側，雙眉外側，屬太陽命門要穴。用拳指點擊，重者七日斃命，輕者十五日斃命。如傷及耳目，淤血流淚者不死，但若傷風者，發腫亦可致命。（圖4）

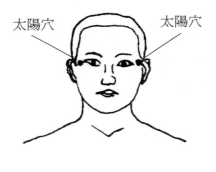

圖4

七、啞　穴

　　本穴又名啞門穴，在腦戶穴、風府穴之下，位於項後髮際之上，第一頸椎和第二頸椎之間處。此穴被點擊受傷，傷者成為啞巴無法治療。（圖5）

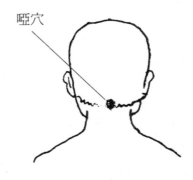

圖5

八、厥陰穴

本穴位於近耳後，屬於肝膽經。被拳指點中，重者四十日斃命。

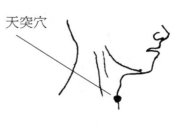

天突穴

圖6

九、天突穴

此穴為死穴之一，在喉結下一寸處。如用點穴手法點傷，會不省人事，血淤心經，不治則必斃命。（圖6）

十、左膺窗穴

此穴又名上血海穴，屬肝經，在左乳上一寸六分處。若以武功手法點中，十二日斃命。（圖7）

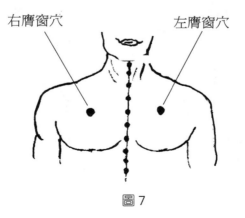

右膺窗穴　　　　左膺窗穴

圖7

十一、右膺窗穴

此穴位在右乳上一寸六分處，又叫上血海穴，屬肺經。
受拳指點中，重者十二日斃命。（見圖7）

十二、左乳根穴

此穴位於左乳下一寸六分，下通血海。若以武技拳指點
中此穴，會吐血而亡。（圖8）

十三、右乳根穴

此穴位於右乳根下一寸六分處。以武術手法重傷者，兩
鼻出血，七天斃命。（見圖8）

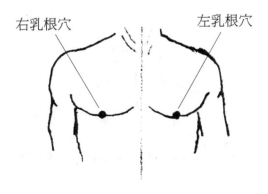

右乳根穴　　　　　　左乳根穴

圖8

十四、華蓋穴

本穴位於心口上，璇璣穴下，屬心經。若拳指點擊，重者人事不知，血迷心竅立死，輕者心胃氣血淤停，當速治重則三年必斃命。（圖9）

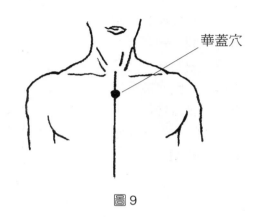

華蓋穴

圖9

十五、腹結穴

又名氣血囊穴，位於左右肋梢骨下一分處，此處是血氣相交之處。如用拳藝手法點擊，重者四十天斃命，輕者一百天斃命。（圖10）

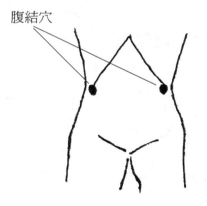

腹結穴

圖10

十六、黑虎偷心穴

此穴位於心口兩
蔽骨中間，劍穴下五
分處，屬心經，又名
鳩尾穴。此穴被拳指
點中，雙目昏花，不
省人事。二十日斃
命。（圖11）

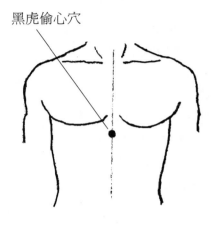

黑虎偷心穴

圖 11

十七、巨闕穴

本穴位於心口
下，鳩尾穴下一寸
處，為心之幕，遇
擊打會人事不省，
應及時調治，調治
不癒者，一百天將
斃命。（圖12）

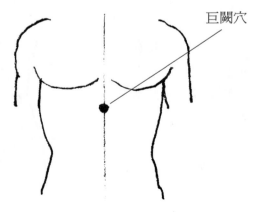

巨闕穴

圖 12

十八、章門穴

此穴位於臍上二寸兩旁六寸處，肋梢骨盡處軟肉邊，屬厥陰肝經，為血囊氣囊。被拳指點擊，重者四十二日、輕者一年斃命。（圖13）

十九、幽門穴

此穴為死穴之一，位於心口下巨闕兩旁各開五分處，左屬肝經，右屬肺經。若以沖天炮拳擊點之，重者一日即死，輕者三十日斃命。應速調治根除，若不根除，其傷必發，發後一百二十日將亡。

二十、左期門穴

此穴位於左乳下一寸六分旁開一寸處，屬厥陰肝經。被拳指擊傷，重者二十日斃命，輕者四十日斃命。（圖14）

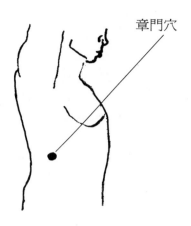

章門穴

圖13

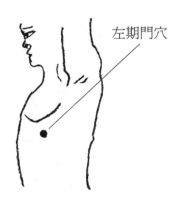

左期門穴

圖14

二十一、右期門穴

本穴位於右乳下一寸六分旁開一寸處，屬肺經。受傷者成肺病、咳嗽之症。若不及時調治，重者三十六日斃命，輕者五十四日斃命。

二十二、血門商曲穴

此穴位於左肋、臍外邊。此穴為血門、氣血相交處。拳指擊中，重者五個月斃命，輕者十個月斃命。

二十三、氣門商曲穴

此穴位於右肋下二寸，腹正中線旁開二橫指處，又叫橫血海門穴。若被拳手擊傷，重者五個月斃命，輕者十個月斃命。

二十四、氣海穴

本穴位於臍下一寸五分處，為男子生精、藏精之處。如被拳擊傷，兩三日即斃命。（圖15）

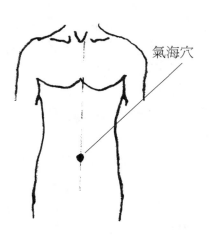

氣海穴

圖15

二十五、關元穴

　　此穴位為死穴之
一，在臍下三寸處，屬
任脈經，為小腸之暮。
若被拳足擊傷，重者五
日斃命，輕者二十四日
斃命。（圖16）

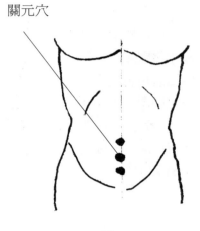

關元穴

圖16

二十六、中極穴

　　此穴位於臍下四寸
處，為三陰之會，膀胱
之暮。被拳指擊傷，則
會大小便不通，五至七
日斃命。應及時根治，
如不除根，一百日必斃
命。（圖17）

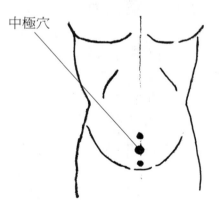

中極穴

圖17

二十七、分水穴

此穴位於臍上一寸處，屬小腸胃二經，為大小腸二氣相會之處。若被拳足擊傷，大小便不通，重者十四日斃命，輕者二十八日斃命。（圖18）

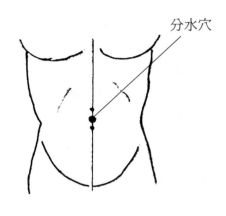

分水穴

圖18

二十八、靈台穴

本穴位屬心穴範圍，為死穴之一。在第六與第七胸椎棘突之間。若受拳足重擊，則死而無治。（圖19）

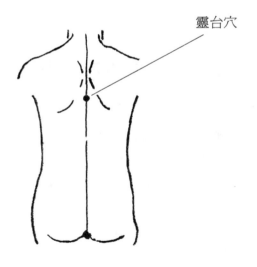

靈台穴

圖19

二十九、氣海俞穴

此穴位有左右兩穴，分別位於身體背後腎俞穴下方，與任脈氣海穴相對。本穴若被拳指點傷，重者三十三日斃命。（圖20）

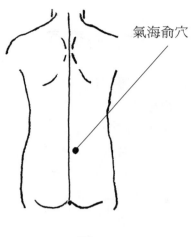

氣海俞穴

圖20

三十、命門穴

此穴位於背後大椎往下數第十四節骨縫間。被拳足擊中後昏迷一天半，不省人事而亡。（圖21）

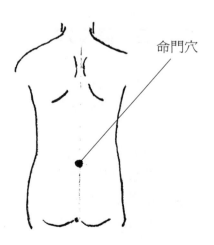

命門穴

圖21

三十一、志室穴

　　此穴屬膀胱經，位
於背後從大椎往下數第
十四節，兩旁各開三寸
處，為左右兩穴，也是
死穴之一。本穴被拳指
重傷者，三百日後發笑
而亡。（圖 22）

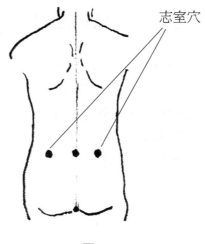

志室穴

圖 22

三十二、腎俞穴

　　本穴位於背後從大
椎往下數第十四關節骨
兩旁各開一寸五分軟肉
處，為左右兩穴。此穴
如以拳腳擊中者，吐血
吐痰，重者三日斃命，
輕者十五日斃命。應速
調治。（圖 23）

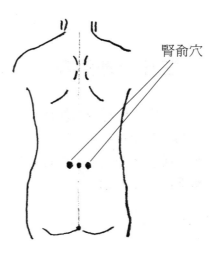

腎俞穴

圖 23

三十三、海底穴

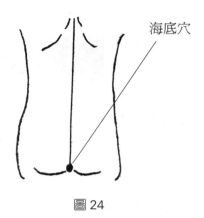

海底穴

又名長強穴，為死穴之一。本穴位於督脈骨梢下二分處。本穴若被拳腳擊傷，重者全身失去聯絡，七日斃命。（圖24）

圖24

三十四、鶴口穴

本穴位於尾閭囊下，兩腿骨盡處中間。如膝、足、拳擊傷此穴，重者一年斃命，輕者全身失去聯絡。

三十五、會陰穴

此穴位於肛門前、陰囊後處。本穴被足膝擊中，重者將斃命。應速調治。

三十六、湧泉穴

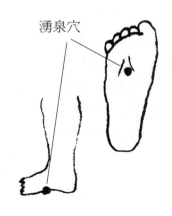

湧泉穴

此穴位於腳心中間。重傷本穴七個月將死亡。應速調治。（圖25）

圖25

第二節　習練方法

一、練法一

　　習練者用左右手劍指在自己身上試點穴位，從頭頂百會穴開始，到腳底湧泉穴，三十六要穴逐個點按。

　　此練法的目的在於經由自我點按穴位練習找準三十六要穴的精確位置，為點穴功的進一步練習打下基礎。因此，練習中可輕用力，反覆點按練習，直至很熟練地掌握三十六要穴的準確位置為止。

二、練法二

　　製作人形沙袋一個，越形像越好，並在沙袋上用紅色點畫上人身三十六要穴的位置，用劍指在點畫的位置上進行點擊練習。開始用力可小些，速度可慢些，逐漸加速、加力。練至用劍指用力準確、快速點擊「穴位」而不覺手指疼痛為止。用這種方法練習，既練點擊的準確性，又練指力和劍指點擊硬度的適應能力。

三、練法三

　　製作人形木樁一個，埋放在適宜的場地上。在木樁上用

顏色標明三十六要穴的位置，用劍指和拳頭點按、擊打練習。開始練習時速度要慢，用力要小，隨著時間的增長和功力的加深逐漸加速、加力。有了一定的基礎後，可進行限時、限速的超強度習練。這樣練習效果會更好。

四、練法四

除了上述幾種練法外，還要進行專門的練指力和劍指適應硬度的能力。

具體練法是：用劍指點擊木、磚、石等硬物，速度由慢到快，勁力由小到大，時間由短到長。堅持不間斷地練習，經過長期習練，指力會巨增，點穴功夫會達上乘。

第三節　三十六要穴被擊傷後的調治藥方

（僅供參考，請遵醫囑）

【百會穴】：

川芎、當歸各二錢；赤芍、升麻、防風各六分；紅花、乳香各四分；陳皮五分；甘草二分；共兩劑，酒水各一碗，煎成半碗，溫服飲。

【心經穴】：

十三味方加川芎、羌活、防風各二錢，共同煎成湯劑飲服。再服奪命丹四付。

【印堂穴】：

十三味方加羌活、川芎、荊芥穗、防風各二錢煎服。

【腦戶穴】：

十三味方加當全歸、川芎各一錢，煎成湯劑，用汁沖七厘散三分服。再服奪命丹五付。

【藏血穴】：

十三味方加生地、當歸、川芎各一錢，煎成湯劑用汁沖七厘散三分服。再服奪命丹三付。

【太陽穴】：

十三味方加川芎、羌活各二錢，煎成湯劑，汁沖七厘散二分服，然後服奪命丹四付，服後立竿見影。

【啞穴】：

輕者經一段休養即無大礙，重者無法醫治。

【厥陰穴】：

三棱五錢，赤芍二錢，當歸一錢，蓬木一錢，元胡索一錢，木香一錢，烏藥一錢，青皮一錢，桃仁一錢，蘇木一錢，同水煎服。

【天突穴】：

良薑一錢，同十三味方煎服，汁沖七厘散三分。再服奪命丹兩付。

【左膺窗穴】：

十三味方加青皮、乳香各一錢服。然後服奪命丹兩付。

【右膺窗穴】：

十三味方加廣木香二錢，同煎服。再服奪命丹兩付，還可沖服七厘散。

【左乳根穴】：

十三味方加劉寄奴、鬱金各二錢，煎成湯劑，汁沖七厘散三分服。再服奪命丹兩付。如不癒，三十日會斃命。

【右乳根穴】：

桑白皮、百部草各一錢，加十三味方同煎湯劑，汁沖七厘散一分。再服奪命丹兩付。

【華蓋穴】：

十三味方煎服。再服奪命丹兩付。

【腹結穴】：

十三味方加蒲黃二錢，紅花、丹皮各一錢，同水煎服。再服奪命丹兩付。

【黑虎偷心穴】：

十三味方加丁香五分，肉桂一錢同水煎服。然後再服紫金丹兩付、奪命丹三付。

【巨闕穴】：

右邊肺底用拳一擊可醒。

十三味方加川貝一錢，桔梗一錢成兩付煎服。

【章門穴】：

蘇木一錢，當歸二錢加十三味方同煎，汁沖七厘散二分服。再服紫金丹四付。如不癒，百日將亡。

【幽門穴】：

十三味方加木香一錢煎服。再服奪命丹三付、紫金丹三付。

【左期門穴】：

木香、廣陳皮各二錢，加十三味方同煎，沖七厘散二分服。再服奪命丹三付。

【右期門穴】：

十三味方加蒲黃、吳脂各二錢同煎，沖七厘散二分服。再服奪命丹兩付。

【血門商曲穴】：

十三味方加五加皮、羌活各二錢，水同煎，沖七厘散二分服。再服奪命丹兩付。

【氣門商曲穴】：

十三味方加當歸、柴胡各二錢同煎，沖七厘散二分服。再服奪命丹三付。如小便不通，加木通、車前子各二錢。

【氣海穴】：

十三味方加三味、木通各二錢同煎，沖七厘散二分服。

【關元穴】：

車前子、青皮各二錢加十三味方，同水煎，汁沖七厘散二分服。再服奪命丹三付。

【中極穴】：

十三味方加生大黃、蓬木各一錢同煎，汁沖七厘散二分服。再服紫金丹兩付。

【分水穴】：

十三味方加生大黃、蓬木各二錢同煎，汁沖七厘散二分服。再服紫金丹兩付。

【靈臺穴】：

此穴重擊無治。要慎重。

【氣海俞穴】：

十三味方加補骨脂、烏藥各二錢，水煎服。再服紫金丹三付。

【命門穴】：

十三味方加桃仁一錢，同煎服。再服奪命丹三付。

【志室穴】：

桃仁、菟絲子各二錢，加十三味方同煎服。再服奪命丹

四付。

【腎俞穴】：

十三味方加杜仲、補骨脂各二錢同煎服。再服奪命丹三付。

【海底穴】：

十三味方加大黃、月石、木爪各二錢水煎服。再服奪命丹三付。如不能根治，一年內發黃，即黃腫，將無效。

【鶴口穴】：

十三味方加牛膝、薏苡仁各二錢同煎服。再服紫金丹四付。

【會陰穴】：

十三味方加朴硝、大黃各二錢同煎服。再服紫金丹、奪命丹各三付。

【湧泉穴】：

十三味方加川牛膝、木瓜丸各一錢煎服。

國家圖書館出版品預行編目資料

迷蹤拳（五）+VCD／李玉川　編著
——初版，——臺北市，大展，2005 年〔民 94〕
面；21 公分，——（迷蹤拳系列；5）
ISBN　957‑468‑387‑7（平裝）

1. 拳術—中國

528.97　　　　　　　　　　　　　　　94000810

北京人民體育出版社授權中文繁體字版

迷 蹤 拳（五）　　　　　ISBN 957‑468‑387‑7

著　　者／李 玉 川
責任編輯／新　　硯
發 行 人／蔡 森 明
出 版 者／大展出版社有限公司
社　　址／台北市北投區（石牌）致遠一路 2 段 12 巷 1 號
電　　話／（02）28236031・28236033・28233123
傳　　眞／（02）28272069
郵政劃撥／01669551
網　　址／www.dah‑jaan.com.tw
E‑mail ／service@dah‑jaan.com.tw
登 記 證／局版臺業字第 2171 號
承 印 者／高星印刷品行
裝　　訂／協億印製廠股份有限公司
排 版 者／弘益電腦排版有限公司
初版 1 刷／2005 年（民 94 年）7 月

定價／250 元

推理文學經典巨著，中文版正式授權

名偵探明智小五郎與怪盜的挑戰與鬥智
名偵探柯南、金田一都讚嘆不已

日本推理小說鼻祖─江戶川亂步

1894年10月21日出生於日本三重縣名張〈現在的名張市〉。本名平井太郎。
就讀於早稻田大學時就曾經閱讀許多英、美的推理小說。
畢業之後曾經任職於貿易公司，也曾經擔任舊書商、新聞記者等各種工作。
1923年4月，在『新青年』中發表「二錢銅幣」。
筆名江戶川亂步是根據推理小說的始祖艾德嘉‧亞藍波而取的。
後來致力於創作許多推理小說。
1936年配合「少年俱樂部」的要求所寫的『怪盜二十面相』極受人歡迎，
陸續發表『少年偵探團』、『妖怪博士』共26集……等
適合少年、少女閱讀的作品。

1 ～ 3 集 　定價300元　試閱特價189元